KB245441

사기에서 뽑은 영웅들의 출세학

사기에서 뽑은
영웅들의
출세학

장석만 엮음

도서출판 **사사연**

머리말

　이 책은 중국 고전《사기(史記)》에서 매 역사적 단계의 각 계급, 각 계층의 인간들이 자신들의 생존과 사회적 지위를 위해 어떻게 처신을 했고 어떻게 처사하고 어떻게 처세했으며 왜 양명(揚名)을 해야 하는가에 대한 구체적인 경전사례를 보여주고 있다.

　21세기를 살아가는 독자들에게 사회계급과 개인이 교차되는 가운데서 신분제도와 인간들의 삶이 어떻게 이루어지고 또한 그것이 개개인에게 어떻게 반영되고 어떻게 발전되어 왔는가에 대한 문제를 생각하게 만든다.

결국 이 책은 삶의 현장에서 개개인은 어떻게 처신하고 무엇을 어떻게 해야 하는 문제를 철저히 생각하고 실천하게 하는데 있다.

사마천의 《사기(史記)》는 중국의 전설적인 황제(黃帝)시대로부터 한무제 태조 원년에 이르기까지 약 3천 년간의 중국의 정치, 경제, 문화, 사회 각종 모순투쟁을 반영하면서 "인간이란 무엇인가?"를 보여준 중국의 명작 중 불후의 명작이다.

그러므로 중국의 위대한 문학가 노신은 《사기(史記)》는 역사학자의 절창이고 운이 없는 〈이소〉이다. 라고 높이 평가하였다.

이 책은 독자들의 역사를 인식하고 현실을 직시하며 사회계층 계급과 인간관계를 재조명하고 개개인의 행신(行身)을 보다 곧고 바르게 하는데 부동한 측면에서 많은 도움이 되리라 믿는다.

엮은이로부터

차례

머리말 ·············· 6

1. 삶을 위해 굴욕을 참은 사마천 ·············· 12

2. 인의와 충절의 지사 백이·숙제 형제 ·············· 17

3. 제국의 창시자 강태공 ·············· 23

4. 교만한 패자 제환공 ·············· 27

5. 다섯 마리의 양으로 현재를 산 진목공 ·············· 33

6. 3년 동안 울지도 날지도 않은 초장왕 ·············· 39

7. 재능이 뛰어난 재상 관중 ·············· 43

8. 치세에 뛰어난 서문표 ·············· 49

9. 위대한 군사이론가 손무 ·············· 55

10. 아버지 원수를 갚은 오자서 ·············· 61

11. 출기제승의 병법대사 손빈 ·············· 74

12. 안자의 혜안 ·············· 80

13. 죽은 사람을 살린 명의 편작 ·············· 86

14. 풍환이 맹상군을 위해 의를 사다 ·············· 94

15. 미녀 간계에 빠진 춘신군 ·············· 105

16. 육국의 재상이 된 소진 ·············· 109

17. 현명하고 사리에 밝은 범려 ·············· 117

18. 교육에 전념한 교육자 공자 ·············· 123

19. 자기를 알아주는 자를 위해 죽은 예양 ·············· 132

20. 도가의 시조 노자 ·············· 138

21. 법치주의자 한비자 ·············· 143

22. 중국 역사상 최초의 황제 진시황 ·············· 151

23. 헛된 이름만 남긴 여불위 ·············· 162

24. 진나라 군주를 키운 왕전과 그의 아들 왕분 ·············· 170

25. 진제국의 모사 이사 ·············· 176

26. 조고의 음모 ·············· 182

27. 변통에 영활한 숙손통 ·············· 187

28. 지혜로운 전숙 ·············· 192

29. 대장부 항우 ·············· 200

30. 책략에 뛰어난 책사 장량 ·············· 214

31. 처세술로 의심을 피한 재상 소하 ·············· 221

32. 비극 영웅 한신 ·············· 230

33. 죽음을 무겁게 여긴 난포 ·············· 240

34. 신축자재 하는 계포 ·············· 245

35. 황제의 사과를 받은 장석지 ·············· 253

36. 공명정대한 풍당 ·············· 261

37. 용맹하고 인자한 장수 이광 ·············· 267

38. 의협심이 강한 곽해 ·············· 274

39. 초나라 왕을 얼게 한 장의 ·············· 281

40. 문경지교 ·············· 290

41. 애국시인 굴원 ·············· 303

● ● ●

중국의 유물

형가자 진왕석상도 (荊軻刺秦王石像圖)

청동검

진조 전차 (秦朝戰車)

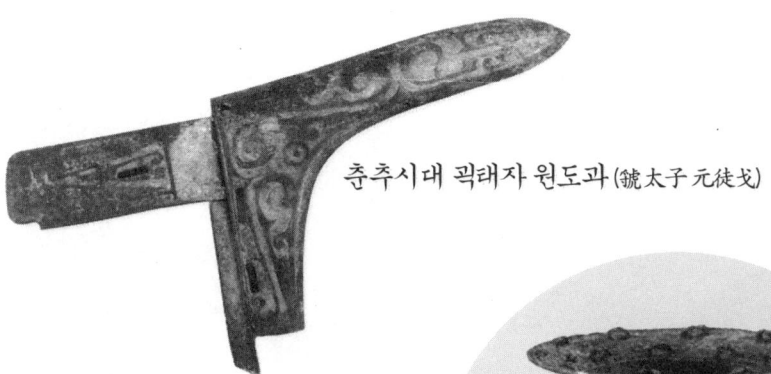

춘추시대 괵태자 원도과(虢太子 元徒戈)

춘추시대 잠상문준(桑紋準)

전국시대 도철문작(饕餮紋爵)

춘추시대 반회문정(蟠虺紋鼎)

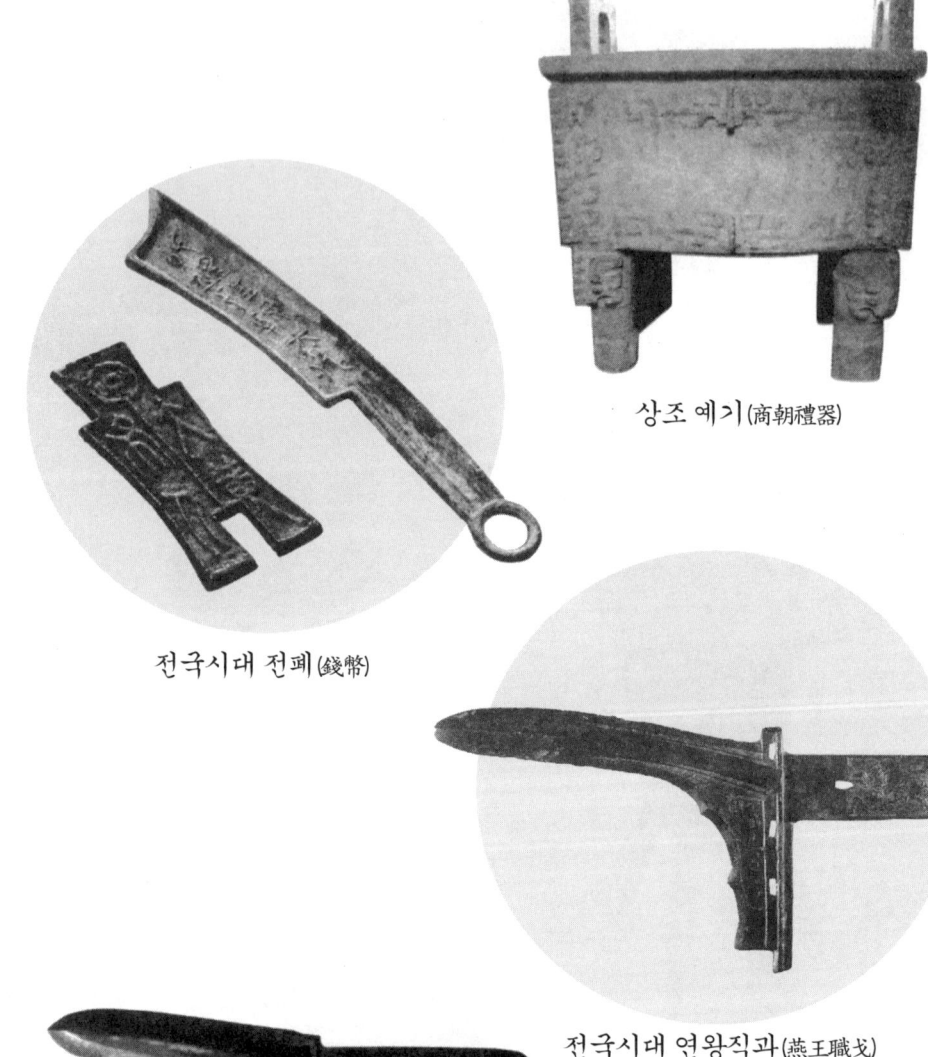

상조 예기(商朝禮器)

전국시대 전폐(錢幣)

전국시대 연왕직과(燕王職戈)

춘추시대 초국동과(銅戈)

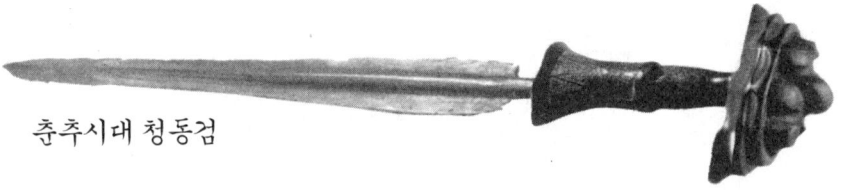

춘추시대 청동검

춘추시대 구천자작용검

전국시대 소직도(小直刀)

전국시대 구양대구(九穰帶鉤)

서한시대 무사용(도자기)

1. 삶을 위해 굴욕을 참은 사마천
(司馬遷 기원전 145?~86?년)

사마천은 하양 용문(지금의 섬서성 한성현) 사람으로서 가난한 사관(士官) 가정의 출신이다. 그는 어릴 때 고향에서 소에게 여물을 먹이기도 하고 농사를 돕기도 하였다.

10세에 태사령(太史令)으로 있는 아버지 담(談)을 따라 서울인 장안(長安)으로 들어가 무릉에서 공부하셨다. 10세 후반에 그는 《좌전》, 《국어》 같은 책을 외울 수 있었다고 한다.

그는 20세에 강소, 안휘, 절강, 호남, 호북, 하남, 산동 등 각지를 유람하고 나서 장안으로 돌아와 기원전 124년에 낭중(郎中)으로 임명되었다. 28세에 명산대천에 제를 지내려는 한무제를 따라 산서의 분양, 감숙의 평양 일대를 돌아다녔고, 오래지 않아 사명을 받고 파촉 이남으로 운남, 귀주에까지 갔으며, 그 후 한무제를 따라 태산에도 올랐고 북방의 하북, 요서, 내몽골, 섬서, 감천 등지도 다 넜는데, 바로 이 무렵 아버지 담이 죽었다.

그는 기원전 108년에 아버지의 뜻을 이어 태사령이 되었다. 태조 원년에 한무제에게 역법을 고칠 것을 건의하고 당도 낙하굉과 더불어 직접 새 역법을 만들었다.

어린 사마천은 아버지 서가에서 열심히 글을 읽었다.

사마천은 태조 원년부터 《사기》의 저술사업을 시작하였다. 그가 사기를 쓰게 된 것은 아버지의 유지를 계승한 데 있다. 《사기》의 저술을 위하여 진조 이전부터 한조 초기에 이르기까지 각종 문헌 사료를 모두 다 읽었다.

조국 각지에 대한 답사와 많은 문헌 열독은 《사기》 편찬을 위한 충분한 준비작업이 되었다.

사마천은 천한(天漢) 3년에 흉노에 투항한 이릉(伊陵)을 위해 변호한 죄로 말미암아 한무제에게 부형(腐刑)을 받았다. 이 잔인하고도 수치스러운 형벌을 받은 사마천은 하루에도 몇 번이고 자결할 생각을 하였다. 하지만 그는 피눈물을 머금고 비분에 떨면서 '그래 이것이 나의 죄인가?' 라고 울부짖었다.

사마천은 공자와 굴원 같은 고대 성현들의 불우한 조우에서 힘을 얻고 마침내 떨쳐 일어났다. 그는 '대장부라면 홍모보다 가벼운 죽음을 할 것이 아니라, 태산보다 무거운 죽음을 해야 한다' 고 분기하였다.

옥중에서의
사마천.

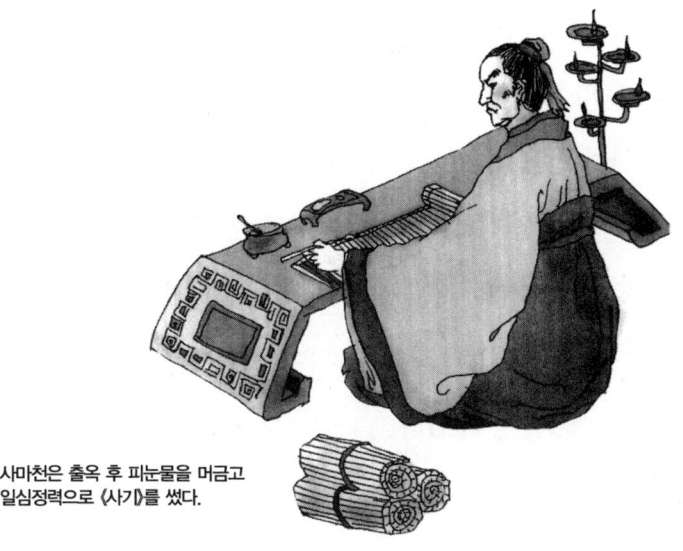

사마천은 출옥 후 피눈물을 머금고
일심정력으로 《사기》를 썼다.

그는 출옥 후 한무제는 그에게 중서령(中書令)이라는 환관직을 내렸다.

사마천은 비분을 참아가며 일심정력으로 《사기》 편찬에 몰두하였다. 그리고 선후하여 18년을 거쳐 기원전 91년(?) 경에 그는 중국에서 처음으로 기전체 통사를 편찬하는 데 성공하였다.

사마천의 《사기》를 그 자신과 그 당시 사람들은 《태사공서(太史公書)》라고 불렀으며, 삼국시대 이후에 와서야 《사기》로 부르게 되었다.

하지만 《사기》는 사마천의 생전에는 출판되지 못하고 그가 서거

한 후 그의 외손자 양운에 의해 출간되었다. 《사기》 편찬을 끝낸 후의 그의 생애에 대해서는 상고할 길이 없었다.

사마천은 위대한 역사학자이며 문학가이다. 그의 위대한 업적은 비단 남달리 많은 사료를 장악한 데만 있는 것이 아니라, 기전체로 된 《사기》에서 수많은 전기문학을 썼다는 점에 있다.

그의 저작으로는 《사기》 외에 《비사불우부(非士不遇賦)》, 《임안에게(波任安書)》 등이 있다.

2. 인의와 충절의
   지사 백이·숙제 형제

백이(伯夷)와 숙제(叔齊)는 상조 후기 고주국의 왕자였다.
국군(國君)은 막내아들인 숙제에게 나라를 물려주려고 했다.

왕이 죽은 뒤 숙제는 이것이 법에 어긋나는 일이라며 맏형인 백이에게 양보했지만, 백이는 아버지의 뜻에 따라야 한다면서 받아들이지 않고 멀리 떠나 버렸다. 그러자 숙제도 왕의 자리를 버리고 멀리 떠나갔다. 고주국에서는 하는 수 없이 그 다음 동생인 중자(中子)를 임금으로 삼았다.

백이와 숙제는 주나라 문왕의 명성을 듣고 주나라로 갔다. 그러나 그들이 주나라에 도착했을 때 문왕은 이미 죽고 없었다. 그 뒤를 이은 아들 무왕이 문왕의 위패를 수레에 싣고 은의 주왕(紂王)을

백이와 숙제는 서로 왕위를 양보하고 있다.

정벌하러 출정하는 길이었다.

　"아버지의 장례가 끝나기도 전에 병사를 일으키는 것은 불효이며, 신하로서 군주를 치는 것은 불인(不仁)이다"고 백이와 숙제는 말렸지만, 무왕은 듣지 않고 출정해 은을 멸망시켰다. 이렇게 되자 천하는 모두 주의 왕실을 종주로 섬기게 되었다. 하지만 백이와 숙제 형제만은 결코 무왕의 처사를 허락하지 않았다.

　"주나라를 섬기다니 수치로다. 의(義)로써 주나라의 좁쌀을 먹을 수는 없노라."

이렇게 결심한 형제는 마침내 수양산으로 들어가 고사리만 캐먹으며 목숨을 부지했다. 그 때 두 형제는 다음과 같은 노래를 지어 불렀다고 한다.

저 산에 올라 우리는 고사리로 연명했노라
폭력에는 폭력으로 대함을 무왕은 모른다
신농, 순, 우의 성왕(聖王)의 길을 잃은 오늘
우리는 과연 어디로 갈 것인가?
아, 남은 것은 죽는 길 뿐
우리의 명은 이제 끝났노라

이리하여 두 형제는 수양산 속에서 굶어죽었다. 사람들은 나중에 이들 두 형제를 인의와 충절의 모범으로 삼아 성인(聖人)으로 존숭하게 되었다.

하지만 그들이 정말로 현명했는지, 혹은 공자가 말한 대로 정말로 아무런 원망도 없었는지는 심히 의문이다. 일찍이 공자는 백이와 숙제 형제에 대해 이렇게 말하였다.

"백이와 숙제 형제는 구악을 생각하지 않았기 때문에 전혀 남의 원망은 사지 않았다. 그들은 인(仁)을 목적으로 하여 그것을 달성했

백이와 숙제는 기아에 시달리며 고사리 꺽는 노래를 부르고 있다.

기 때문에 원망해야 할 것이 없었을 것이다." 그러나 백이와 숙제의 시를 읽어보면 그들이 정말로 아무런 원망도 없었으리라고는 믿어지지 않는다.

백이와 숙제의 고사를 생각해 보면 '천도(天道)는 공평무사하며 항상 선인의 편'이라는 말이 늘 맞다고 보기는 어렵다.

백이와 숙제가 악인이 아닌 것은 분명한데, 그렇다면 그들은 어찌하여 결국 굶어죽는 비참한 최후를 맞이해야 했는가? 하늘이 진실로 그들의 편이었다면, 고사리로 연명하다 죽는 일은 없었어야 하지 않을까?

이런 예는 백이나 숙제 말고도 많은데 공자의 제자 안회의 경우도 그렇다. 공자의 제자 중에서 가장 특출한 선비였던 안회는 생활이 매우 궁핍하여 쌀겨조차 흡족하게 먹지 못하다가 결국 요절하고 말았다. 하늘은 선을 베푼다고 하는데 이것은 대체 어찌된 노릇인가?

반면 악명 높은 도적은 죄 없는 사람을 죽여 간을 회로 먹는 등 온갖 포악함이 극에 달했고, 수천의 부하를 거느리고 천하에서 난동을 벌였는데도 불구하고 결국 천수를 누린 경우가 있다. 도대체 도적은 어떤 덕을 쌓았기에 이처럼 복을 누리는 것인가?

근래에 와서도 마찬가지이다. 진실을 벗어나서 악을 행하며 온

갖 향락만을 누리면서도 대를 이어 부귀영화를 이어가는 자들이 있다. 반면에 자기 자신을 엄하게 다스리며 모든 행동을 조심스럽게 하고, 꼭 해야 할 말만 하며, 항상 대도(大道)를 택하고 정의에 관한 경우가 아니고는 노기를 띠지 않는 그런 생활 태도를 취하면서도 재액을 입는 사람이 수없이 많다.

　과연 천도라는 것은 존재하는 것인가?

3. 제국의 창시자 강태공
(춘추전국시대)

강태공은 제국(帝國)의 창시자이다.
이름은 상(尚)이고 자는 자아(子牙)인데 사람들은
그를 존경하여 강태공이라고 불렀다.

강자아는 어렸을 때 가정형
편이 어려웠으나 책을 많이 읽
어 박식하고 다재하여 어느 때
든지 명군(名君)을 보좌하여
천하를 다스리겠다는 꿈
을 가지고 있었다.
강자아는 노년에 이
르기까지 지독하게 가난한 생활을 하

면서도 낚시질로 허송세월을 보내고 있었다.

어느날 주문왕(周文王·서백)이 사냥을 가려고 점을 쳤다.

"얻을 것은 용도 아니고 뱀도, 호랑이도 큰 곰도 아니겠으나 얻는 것은 패왕을 보필할 신하일 것이다"라는 점괘가 나왔다.

주문왕이 사냥을 나갔을 때 과연 위수(渭水)의 북쪽 가에서 낚시꾼과 이야기를 나누니 아주 마음에 들었다.

"선군(先君)인 태공 때부터 불원 성인이 나타나서 주(周)를 융성하게 이끌어갈 것이라는 말이 전해져오고 있었는데, 당신이야말로 그 사람이 틀림없습니다. 당신이 오시기를 아버님께서는 기다리고 계셨던 것입니다."

이렇게 말하고 문왕은 강자아에게 '태공망(太公望: 太公이 고대하던 인물이라는 뜻)'이라는 호를 하사하고 수레에 같이 타고 돌아온 뒤 그를 군사(軍師)에 임명하였다.

태공망이 내놓은 계책은 주로 군사를 일으키는 것과 모략이다. 후세 사람들은 병법이며 주의 권모술수에 대해 말할 때 태공왕이 그 시조(始祖)라고 하였다.

문왕이 세상을 떠나자 무왕(武王)이 즉위하였다. 무왕은 은나라를 평정하고 천하의 왕이 되자 태공망에게 제(齊)의 영구땅을 다스리는 제후로 봉했다. 태공망은 동방의 영지로 가는 길에 조금 가다가 쉬고, 여관에 숙박하는 등 먼 길을 재촉하지 않았다. 그것을 보자 한 여관 주인이 물었다.

"기회는 얻기 어려우나 잃기는 쉽다고 말합니다. 이렇게 늑장만 부리시다니 큰일을 하러 나선 사람 같지가 않군요."

태공망은 주인의 말을 듣자 한밤중인데도 즉시 부하들에게 출발

태공망은 여관 주인이 "기회란 얻기 힘드나 잃기는 쉽다"는 말을 듣고 즉시 일어나 길떠날 준비를 하고 있다.

명령을 내리고 길을 빨리 달려가도록 했다. 날이 샐 무렵, 태망공 일행이 영구땅에 닿을까말까 하는데 느닷없이 내후의 군사들이 공격을 해왔다. 그래서 영구 땅을 놓고 극심한 공방전이 벌어졌다.

그들이 태공망과 영지문제 때문에 다투게 된 것은 그 당시 주나라가 다만 은나라를 평정했을 뿐 아직도 멀리 떨어진 지역까지는 미처 통치권이 미치지를 못했기 때문이었다.

태망공은 부임한 영구 땅에서 정치제도를 가다듬는 데 있어 그 고장의 풍습을 귀히 여겼고 또한 예절을 간소화시켰다.

한편 상공업을 장려하여 그 고장 특산물인 소금과 생선으로 상업을 크게 일으켰다.

주나라 성왕(成王)이 아직 어렸을 때이다. 관(菅), 채(蔡)에 이어 회이(淮夷)까지도 주나라에 반기를 들자 성왕은 태공망에게 명령을 내렸다.

"동쪽으로부터 서쪽 황하까지, 남쪽 목릉으로부터 북의 무태까지 이 모든 지역의 제후들은 각자의 소신대로 반란군을 정벌해도 좋으니라."

이 명령을 받자 제나라는 주변의 무리들을 정복하였고, 마침내 대국이 되어 영구에 도읍을 정하였다.

태공망이 죽었을 때 그 나이는 이미 100세가 넘었었다.

4. 교만한 패자 제환공
(齊桓公 - 기원전? ~643년)

제환공은 춘추시대 5패 중의 첫 번째 패자(覇者)이다.
환공이 즉위하자 곧 노나라를 공격한 당초의 뜻은
관중을 죽이자는 데 있었다. 하지만
관중을 다루는 데는 시종 포숙이 의견을 내었다.

"저는 다행스럽게도 저의 군주를 따를 수가 있었고, 지금은 우리 군주께서 제나라 군주의 자리에 오르시게 되었습니다. 그럼에도 불구하고 이제부터 군주를 모시기에 힘이 부치게 되었습니다. 우리 군주께서 제나라 하나만을 거느리실 생각이시라면 고해와 저 숙아 두 사람의 보좌로서도 충분하리라고 생각합니다. 하지만 천하를 모두 거느리시는 패자가 되시고자 하신다면 , 관이오(관중) 말고 어디에 적임자가 또 있겠습니까? 이오를 등용시키는 나라는 꼭 천하를 다스리게 될 것입니다. 제발 이오를 잃지 않아야 될 줄 알고 있습니다.”

환공은 포숙아의 의견에 따르고야 말았다.

제환공은 관중에게 정중한 예우를 하고 그에게 대부 벼슬을 주어 정사를 돌보게 하였다.

환공 5년에 노나라를 공략해서 승리를 거뒀다. 노나라 장공은 자기나라 수읍 땅을 진상하겠노라 하며 화의를 제의해 왔다. 환공은 그것을 응낙하고 장공과 가 땅에서 서로 회맹(會盟)하기로 하였다.

그런데 바로 그 때 노나라 장군 조말(曺沫)이 단상으로 뛰어오르면서 느닷없이 환공의 가슴에 비수를 들이대고 위협하는 것이었다.

“빼앗은 영토(수읍)를 다시 돌려주시오!” 조말이 비수를 들이댄 채 환공을 위협하자 환공은 ‘좋다, 알았다’ 하고 하는 수 없이 응낙하고 말았다.

이 대답을 듣자 조말은 그때서야 비수를 내던지고 신하의 자리로 돌아갔다.

환공은 일단 승낙했지만 분함을 금할 길이 없었다. 그래서 조말을 죽여 버리고 약속을 뒤엎으리라 생각했다.

이 때 관중이 다음과 같이 간언했다.

“환공께서는 그 자에게 협박을 당해서 어쩔 수 없다고는 하겠습니다만 어디까지나 약속은 약속인 줄 압니다. 그것을 묵살하고 상대방을 죽인다면 신의를 저버리는 일이 됩니다. 그건 다만 보잘 것 없는 기분풀이에 지나지 않습니다. 더구나 그러한 결과가 제후들의 믿음을 배반하는 결과로 이어져 천하로부터 따돌림을 받게 될 것으로 생각됩니다. 100가지 해는 있을지언정 손톱만큼도 이익이

제 환공은 관중과 밤 늦게까지 담론하고 있다.

없사옵니다."

결국 환공은 조말을 상대로 세 번씩이나 전쟁을 하여 그 대가로 얻은 땅을 다시 노나라에게 되돌려 주고 만 것이다.

이러한 결과 제후들에게 높이 평가되었는데, 모두 환공의 신의에 감복했고 또한 제나라와 손을 잡으려 했다.

환공 35년, 중원 여러 나라들의 회맹의 중심이 되는 것은 제나라였다. 또한 환공이 널리 은혜로운 정치를 베풀었기 때문에 제후들이 그 산하에 모여들었던 것이다.

하지만 환공은 점점 더 교만해졌고 마침내 이런 야망을 품게 되었다.

"나는 이미 남으로 소릉까지 원정해서 웅산을 보았고 북으로는 산융, 이지, 고죽까지 토벌했다. 서쪽으로는 대하를 토벌코자 사막을 넘어간 일도 있었다. 그 동안 제후들은 그 누구도 내게 배반은 고사하고 도전할 생각조차 하지 않았다. 오늘에 이르기까지 전시에 회맹을 열기는 세 차례, 평시에 회맹하기는 여섯 차례, 도합 아홉 번이나 제후들의 회맹을 성립함으로써 천하의 난리를 평정했다. 저 옛날 하, 은, 주, 세 나라 성왕께서 천명을 받은 바 있거니와, 나에게도 그런 자격이 충분히 있다. 이제 나는 태산과 양보에 올라가 봉선(封禪)의 제를 올리려 하노라."

그러자 관중이 엄두도 내지 말아야 할 일이라고 간언을 했으나 환공은 듣지 않았다. 그래서 관중은 먼 곳으로부터 진수괴물(珍獸怪物)이 모여들지 않고는 봉선의 제를 올릴 수 없다면서 최선을 다해 설득시켜 겨우 환공의 뜻을 꺾을 수 있었다.

환공 41년. 관중이 병으로 쓰러졌을 때 환공은 일부러 찾아와서 관중에게 금후의 일을 이야기했다.

"그대에게 만약 무슨 일이 생기면 신하들 중에서 누구를 재상으로 삼는 것이 좋겠소?"

"그것은 군주께서 더 잘 아실 줄 아옵는데……."

그러자 환공은 자기 마음에 있던 사람들을 말했다.

"역아(易牙)가 어떻겠소?"

"역아는 자기 아들을 죽여서 군주의 환심을 샀습니다. 그리고 그것은 인간의 정의를 벗어난 처사입니다. 그러한 인물을 재상 자리에 오르게 하시면 안되옵니다."

"그럼, 개방은 어떤지 말해 보오."

"개방은 본래 위나라 공자이면서도 저희 군주의 환심을 사기 위해 친족을 버렸습니다. 그 또한 인간의 정의를 저버린 처사이옵니다. 가까이 하시지 않음이 합당한 줄 아옵니다."

"그렇다면 수조는 어떻겠소?"

"수조는 스스로 자진해서 거세(去勢)하여 군주의 환심을 샀으므로 그 또한 인간의 정의를 벗어난 처사입니다. 그를 신임하여서는 안 됩니다."

관중이 세상을 떠난 뒤에 환공은 그의 충고를 무시하고 그 세 사람을 중용하였다. 그 결과 이 세 사람은 권력을 제 마음대로 휘둘러댔던 것이다.

관중이 죽은 후 다섯 명의 공자들은 일제히 서로 태자가 되기 위해 음모를 꾀하였다.

환공 43년 10월 환공이 세상을 떠났다. 그 때 역아는 수조와 손을 잡고 수많은 대부(大夫)들을 살해한 뒤 공자 무궤(无詭)를 즉위시켰다.

5. 다섯 마리의 양으로 현재를 산 진목공
(秦穆公 기원전?~621년)

진목공은 치자(治者)의 기량을 보여준 진(秦)나라의
현명한 군주로서 서부민족 융합에 결정적인 작용을 했으며,
진시황이 통일을 할 수 있도록 길을 개척하였다.

　목공 원년에 진목공은 손수 군사를 이끌고 모진 지방의 만족인
융(戎)과 싸워서 승리를 거두었다.

　이듬해 진(晋)나라 헌공은 괵과 우의 두 나라를 함락하고 우군(虞
君)과 그의 대부(大夫)인 백리혜를 사로잡았다.

　그런데 진(晋)나라에서는 백리혜를 진(秦)나라로 시집간 공주(목
공의 아내)의 하인으로 삼아 진(秦)나라로 보냈다. 하지만 백리혜는
도중에 도망을 쳐서 초나라의 완(宛)이라는 곳에 은신했으나 그곳
에서 억류당하고 말았다.

한편 진목공은 백리혜의 소문을 듣고 되찾을 궁리를 했다. 많은 돈을 써도 아깝지가 않았지만 그렇게 하면 오히려 완 사람들이 응해주지 않을까 두려웠다. 그래서 목공은 한 가지 방법을 강구하고 사자를 보내 이렇게 요청하게 하였다.

"하인 백리혜가 귀국 땅에서 억류되어 있다고 들었는데, 다섯 마리의 검은 암양의 가죽을 줄 터이니 그의 몸을 인도해 주기 바라

진은 괵을 함락한 후 우군과 백리혜를 포로로 데려 갔다.

오."

상대방은 그 조건을 기꺼이 받아들여 백리혜를 돌려보내 주었다. 그때 백리혜의 나이 이미 70세가 넘었다. 목공은 그의 노예 신분을 없애준 후 국사를 논의하는 데 기용하려 했다. 그러자 백리혜는 사양했다.

"저는 망국의 신하로서 그런 자격이 없습니다."

"우리나라가 망한 것은 우군이 그대의 의견에 따르지 않았기 때문이오. 결코 그대의 책임이 아니외다."

목공은 완강하게 거절하는 그를 사흘 동안이나 끈질기게 설득하였다. 목공은 그에게 깊이 빠져서 어떻게 하든지 국정을 맡겨야겠다고 생각하였다. 검은 암양 다섯 마리를 주고 그를 돌려받았기 때문에 오고대부라 불렀다.

백리혜는 겸손하게 자기 대신 다른 사람을 천거하였다.

"제가 아는 사람 중에 건숙이라는 사람이 있습니다. 그는 제가 감히 따르지 못할 기량을 갖춘 인물이지만, 애석하게도 아직 그의 재능이 알려지지 않고 있습니다. 제가 옛날에 제(齊)나라를 편력했을 때 매우 궁핍하여 걸식하는 몸이나 다름없었는데, 그는 저를 도와주었습니다. 그 후에 제기 제군(齊君) 무지를 받들려고 하자 그가 말렸습니다. 그 덕분에 저는 제나라의 내란에 휘말리지 않게 되었습니다. 후에 주나라로 가서 왕자인 퇴가 소를 좋아했으므로 소치는 품을 팔며 그에게 봉사하려 했습니다. 그래서 이윽고 퇴가 저를 받아들일 단계가 되었는데 그 때 건숙이 또다시 말렸습니다. 그 덕분에 저는 주나라를 떠나고 퇴의 죄 때문에 죽음을 면했습니다. 우군을 받들 때에도 그는 말렸습니다. 우군께서 제 의견을 받아들이지 않으리라고는 알고 있었습니다만 벼슬의 유혹을 완강하게 뿌리치지 못하고 저는 봉사하게 되었던 것입니다. 이렇게 두 번은 그의 의견을 따랐기 때문에 화를 면했습니다만, 최후에 그의 의견을 따르지 않은 탓으로 이렇듯 우군의 사건에 말려들고 만 것이옵니다. 이상 말씀드린 것으로도 그가 어떤 인물인지 아실 줄 믿습니다.”

그러자 진목공은 당장 사자를 보내어 후한 선물을 하고 건숙을 불러들여 상대부(上大夫)에 임명하였다.

제위 36년에 목공은 또다시 진(晋)나라를 공략하였다.

목공은 모진(茅津)에서 황하를 건너 그 동안 효산 골짜기에 유기된 장병들의 시체를 매장하고 또한 전 장병들로 하여금 사흘 동안에 걸처 호곡하게 한 뒤 이렇게 선언하였다.

“그대들 장병들이여, 나의 맹세를 들으라. 우리들의 조상들은 매사에 있어 노인들의 말씀을 항상 따랐었다. 나는 그 계율을 어기고 건숙과 백리혜의 간언을 무시했기에 수많은 충성스러운 장

진목공은 백리혜와 국사를 논의하고 있다.

병을 죽음에 이르게 했도다. 실로 통탄할 일이다. 때문에 나는 여기서 새로이 자손들을 위하여 나의 과오를 분명히 밝히는 것이다."

모든 장병들은 이 말을 듣자 머리를 숙이며 감격의 눈물을 흘렸다.

"오! 목공이라는 분은 진실로 인간의 존엄을 소중히 여기시는구나. 때문에 오늘의 승리를 얻은 것이 분명하다."

목공은 제위 37년에 유여가 세운 작전계획에 따라 서쪽 만족 융 (戎)을 토벌하였다. 융왕 치하의 열두 나라를 함께 차지함으로써 영 토를 천리나 넓히기에 이르렀고 마침내 융나라를 지배하게 되었 다.

진목공은 제위 39년에 사망하여 옹(雍)땅에 매장되었다. 그러자 목공을 따라 스스로 목숨을 끊고 순사한 사람이 무려 수백 명에 달 하였다.

6. 3년 동안 울지도 날지도 않은 초장왕
(楚庄王 기원전 613~591년)

초(楚)나라는 서주 초기의 제후국으로 남방의
큰 나라였다. 초목왕이 죽자 그의 아들 장왕이 왕위를
계승하였다. 초장왕은 즉위한 지 3년 동안
정령(政令) 하나 발표하는 일 없이 24시간 놀기만 했다.
뿐만 아니라 다음과 같이 포고하였다.

"간(諫)하는 자는 사형에 처하리라."

그러나 간하는 신하는 있었다. 우선 오거라는 신하가 장왕에게
알현하고자 하였다. 장왕은 왼팔에는 북쪽 정나라 미희를, 오른팔
에는 남쪽 월나라 미인을 안고 악사들에게 둘러싸인 채 오거를 맞
이했다. 오거는 말하였다.

"수수께끼를 하나 풀어보십시오."

"말해 보라."

"언덕 위에 새가 한 마리 있습니다. 3년 동안이나 날지도 않습니

다. 이 새는 무슨 새입니까?"

"3년을 날지 않았어도 단숨에 하늘 꼭대기에 이를 것이며, 3년을 울지 않아도 한번 울기 시작하면 세상을 놀라게 할 것이다. 그대가 이야기하고자 하는 것은 알고 있다. 그만 물러가라."

그로부터 수개월간 장왕의 놀이는 더욱 심해져서 음란이 극에 달하였다.

소종은 울면서 장왕에게 진언을 했다.

이번에는 대부 소종이 나섰다.

장왕은 그에게 이야기했다.

"간언하는 자는 참하리라고 포고한 바 있다. 알고 있겠지?"

"군주께서 제정신을 되찾으실 수만 있다면 이 한 몸 죽음을 당한들 무슨 여한이 있겠습니까?"

이 때를 계기로 하여 장왕은 향락을 그만두고 정사에 몰두하였다. 우선 인사(人事)를 쇄신하였다. 단번에 수백 명을 처단하고 신인을 등용하고 오거와 소종 두 신하에게 국정을 맡겼는데 이 조치가 백성들로부터 크게 환영받았다.

이 해 초나라는 용(庸)나라를 멸망시켰고 6년에는 송나라를 토벌하여 병거(兵車) 5백 대를 노획하였다. 장왕 16년에 그는 진(陳)나라를 토벌하고 하징서를 죽였다.

그 때 장왕은 진나라 백성들에게 다음과 같이 선포하였다.

"안심하라, 이번의 토벌은 역신(逆臣) 하징서를 징벌하는 외에 다른 뜻은 없노라."

하지만 장왕은 하징서를 잡아죽인 뒤에 진나라를 초나라의 한 현으로 만들고 말았다.

신하의 무리들은 모두 모여 축하했지만, 대부 신숙시만은 축하의 말을 하지 않았다. 장왕이 그 까닭을 물으니 그는 이렇게 대답하였다.

"세상에서 비교하기를 소를 끌고 남의 밭을 지나가면 그 밭 주인에게 소를 빼앗긴다고 이야기합니다. 소가 밭을 밟아 해치는 것은 틀림없이 나쁜 일입니다. 그렇다고 해서 그 소를 빼앗는 것도 지나친 일이 아니겠습니까? 당초에 군주께서는 주군을 모살한 하징서의 죄를 징벌한다고 제후들의 찬성을 얻어 정의의 이름 아래 토벌하셨습니다. 하지만 일이 끝나자 진나라 영토 전체를 소유해 버리셨습니다. 그러면서 앞으로 어찌 천하를 호령하시겠습니까? 그래서 저는 축하의 말씀을 드리지 않은 것입니다."

신숙시의 말을 들은 장왕은 서둘러 진나라의 영토를 반환해 주고, 진(晉)나라로 피신하고 있던 영공의 태자 오(午)를 맞이하여 진군(陳君)의 자리에 앉혔다.

예전에 공자는 이 기록을 읽고 "초나라 장왕은 훌륭한 인물이다. 나라 하나를 얻은 것보다는 자신의 말 한마디를 더욱 소중하게 생각했으니"라고 크게 감탄했다고 한다.

재위 23년에 장왕이 세상을 떠나자 그의 아들 공왕(共王) 심(審)이 왕위를 이었다.

7. 재능이 뛰어난 재상 관중
(管仲 기원전?~645년)

관중은 춘추시대 제국(齊國)의 저명한 정치가이자 사상가이다.
제나라 재상이 된 관중은 포숙아와 어릴 때부터
절친한 친구로서 무엇이든 행동을 같이했다. 포숙은
어려서부터 관중에게 뛰어난 재능이 있음을 알아차리고
훗날 환공에게 관중을 등용하자고 간언하였다.

제환공이 제후들을 규합해서 천하를 하나로 뭉치게 했던 것은 모두 관중의 수완에 의했던 것이다. 뒷날 관중은 자신을 천거한 포숙아에 대해 이렇게 말하였다.

"나는 옛날 가난했을 때 포숙과 함께 장사를 한 일이 있다. 서로 이익을 나눌 때에는 내가 더 많은 몫을 가졌지만 그는 나를 욕하지 않았다. 내가 가난한 것을 알고 있었기 때문이다. 또 내가 그를 위해서 한 일이 오히려 그를 궁지에 빠뜨리는 결과가 되었으나, 그는 나를 어리석은 자라 욕하지 않았다. 세상만사가 잘 되는 경우와 못

되는 경우가 있다는 사실을 이미 잘 알고 있었기 때문이다. 나는 세 번이나 사관(仕官)을 하다가 그 때마다 자리에서 쫓겨났으나 그는 나를 무능하다고 하지 않았고, 싸움터에서 도망쳐왔으나 그는 나를 겁쟁이라 말하지 않았다.

연로하신 어머님이 기다리고 있다는 것을 알고 있었기 때문이다.

공자 규가 후계자 계승문제로 다투다가 패했을 때 동지였던 소홀은 자결했음에도 불구하고 나는 목숨을 부지하여 결박당하는 수치를 받았으나, 그는 역시 나를 보고 파렴치하다고 하지 않았다. 내가 눈앞의 명예에만 급급해 천하에 공명을 떨치지 못하는 것이야말로 수치라고 생각하고 있던 것을 포숙아는 알고 있었기 때문이다. "나를 낳아준 것은 어머니이나, 나를 알아준 것은 포숙아였다."

포숙아는 환공에게 관중을 추천한 뒤 자기는 관중 아랫자리에 들어가서 일하는 겸손을 보였다. 그래서 세상 사람들은 훗날 관중이 현명했던 것을 칭찬하기보다는 포숙이 사람을 잘 알아보았던 능력을 더 높이 평가하였다.

포숙의 천거로 정무를 맡게 된 관중은 재주를 발휘하여 차츰차츰 유통업을 발전시켜 나갔다.

관중은 《관자(管子)》의 〈목민(牧民)〉에

"창고가 가득한 뒤에야 예절을 알게 되고, 먹을 것과 입을 것이 넉넉해야 명예와 치욕을 안다"고 했다.

즉 도덕교화가 물질 생활을 기초로 함을 강조하였다. 그런 의미에서 관중은 다음과 같은 말을 하셨다.

"그날그날 먹고살기도 어려운 사람에게 예절을 부르짖은들 무슨 소용이 있겠는가? 생활에 여유가 생기면 자연히 도덕의식은 높아지게 마련이다. 군주가 재정상 무리를 하지 않는 것이 곧 민생안

관중이 환공에게 간언한다.

전의 근본이다. 그 뒤에 예(禮), 의(義), 염(廉), 치(恥)의 네 가지 기본이 되는 바탕을 굳게 할 필요가 있다. 그것을 하지 않기 때문에 나라가 망하는 것이다."

물이 낮은 곳으로 흐르는 것처럼 정치도 끊임없이 백성들의 뜻을 따라 적절히 조치한다는 것이 관중의 시정 방침이었다. 그러므로 정책을 논의할 때는 백성들이 과연 무엇을 바라고 있는가를 항상 염두에 두고 정책적으로 실행할 수 있는 것인지를 따져 국사에 반영시키도록 해야 한다.

재물을 축적하여 나라를 부유하게 하고 군대를 훈련시켜 강하게 만들었다. 또한 어진 신하를 추천하여 적절한 자리에 앉혀 일을 맡겼다.

또한 실정(失政)을 하더라도 거기서 하나의 새로운 교훈을 이끌어내고 언제나 균형을 유지시키도록 배려하여 시행착오가 없도록 하였다.

이를테면 환공이 부인 채희의 처사로 화를 내며 그 괴로움을 풀어보고자 채나라를 공격하자 관중은 뒤이어 포모가 조공을 게을리 한다는 것을 구실 삼아서 초나라를 공격했다. 또 조환공이 북쪽 만족인 산융을 징벌하자 관중은 그 기회에 연나라 군주에게 명해서 소공의 집권을 부활시켰다.

그리고 환공이 하 땅의 맹회에서 조말에게 약속한 것을 번복하려 하자 관중은 환공에게 신의를 지키도록 간언하였다.

이처럼 관중은 항상 대의명분을 생각했기 때문에 제후들이 제나라를 맹주로 받들게 된 것이다. 관중을 제상으로 등용한 일이 환공을 패자의 자리로 군림할 수 있게 했던 것이다.

관중은 "얻으려고 하면 주라. 그것이 정치의 진리이다"라고 말하였다.

당시 제나라 군사의 출전.

그러나 세상 사람들이 관중을 어진 신하라고 평한 것과는 달리 공자는 그를 소인(小人)이라고 하였다. 그것은 관중이 환공을 도와 인의정치를 행하도록 힘을 기울이지 않고 무력으로 천하를 다스리려는 동맹국의 우두머리로 이름을 떨치게 했기 때문이다. '군주의 잘한 점은 더 잘하게 하고, 잘못된 점은 지적하여 바로잡아 주어야 군주와 신하가 서로 친하게 될 수 있다' 는 말이 있다. 관중이 죽은 후 환공과 제나라는 그가 살았을 때처럼 맹위를 떨치지 못하고 혼란을 겪은 끝에 국세가 기운 것을 보면 결코 공자의 말을 흘려들을 수만은 없는 듯하다.

8. 치세에 뛰어난 서문표
(西門豹 - 전국 초기)

전국 초기 위(魏)나라 문후(文侯) 때의 일이다.
서문표가 업이라는 변방의 현령으로 제수되었다.
현령으로 부임받은 서문표는 우선 그 지방 장로(長老)들을 모아 놓고
백성들이 고통을 받고 있는 사유가 무엇인지를 물었다.

한 장로가 대답하였다.

"하신(河神)에게 해마다 처녀를 바치지 않으면 안 되는데, 그 때문에 백성들의 살림이 어려운 것입니다."

서문표는 어떻게 된 사유인지 몰라 자세하게 설명하라고 했다.

"업 땅의 지방에서 관선된 삼로(三老)나 관리들은 하신의 취처(娶妻) 행사비용으로 해마다 수백만의 세금을 받아가지만, 그 중에서 실제로 쓰는 깃은 불괴 20~30만이고 나머지는 삼로와 하급관리, 또 무녀가 3등분하여 가져갑니다.

해마다 그 때가 되면 무녀가 이집 저집으로 아름다운 처녀를 찾아다닙니다. 아름다운 처녀를 찾게 되면 '이 처녀를 하신의 아내로 준다'라고 말하고 곧 준비를 시작합니다. 처녀를 목욕시키고 명주옷을 입히고 제례시키는 것입니다. 이것을 위해서 강가에 붉은 장막으로 둘러친 금단의 방을 만들어 처녀를 그 속에 가두어 놓은 뒤에 쇠고기며 술과 밥을 차려 놓습니다. 이렇게 10여 일이 지나면 결국 시집가는 날이 됩니다. 처녀를 곱게 치장시켜 새댁이 타는 가마에 태워 그대로 강물에 띄웁니다. 그러면 가마는 처음 얼마

동안은 물에 떠 있지만 수십 리 떠내려가는 동안 강물 속으로 가라앉아 버립니다. 이렇기 때문에 아름다운 처녀가 있는 집안에서는 무녀 우두머리가 와서 흰 깃이 달린 화살을 꽂아놓기 전에 다른 땅으로 도망가 버립니다. 그래서 마을은 점점 쓸쓸해지고 남은 사람들의 생활도 점점 가난해질 수밖에 없습니다. 이것은 오랜 옛날부터의 풍습인데 하신에게 처녀를 바치지 않으면 물이 범람하여 전답을 휩쓸고 사람들이 물에 빠져 죽게 된다는 말이 전해 내려올 정도입니다."

서문표는 이야기를 다 듣고 이렇게 말하였다.

"알았소. 그 시기가 되어 삼로나 무녀가 처녀를 강에 띄워 보낼 때 나에게도 알리시오. 나도 참여할 테니까……."

일동은 서문표에게 약속하였다.

드디어 약속한 날이 왔다. 서문표는 행사가 벌어지는 강가로 나갔고 삼로, 관리, 호족, 장로 등 중요한 얼굴들이 다 나와서 그 주변에는 2,3천 명의 구경꾼들이 모여 있었다. 대무(大巫)는 70이 넘은 노파로서 명주 홑옷을 입은 여제자 10명쯤을 뒤에 거느리고 있었다.

"하신에 시집갈 처녀를 불러 줄 수 없는가? 얼마나 미인인지 내 눈으로 보고 싶소."

서문표가 이렇게 이야기하자 처녀가 포장 안에서 나왔다. 서문표는 그 처녀를 보자마자 삼로들을 돌아다보면서 말하였다.

"이게 미인이란 말인가? 잠시 기다려 주시오. 수고스럽지만 대무가 직접 하신에게 내 이야기를 전해주고 오도록 하시오. 더 아름다운 아가씨를 찾아서 뒷날 보낼 테니 기다려 달라고……."

그리고 서문표는 하급 관리에게 명령하여 대무를 강 속으로 집어던지게 하였다.

그런 다음 조금 기다렸다가

"늦어지는군, 어떻게 된 일일까. 또 마중을 가야겠지."

이렇게 말하고 대무의 제자 한 사람을 또 강물에 집어던지게 하였다. 같은 방법으로 또 한 사람을 강물에 던졌다. 이렇게 세 사람의 제자를 강물에 집어던진 뒤 서문표는

"여자를 보내선 안 되는 모양이군. 설명을 제대로 못하는 모양이야. 이제 삼로께서 수고를 해주실까" 하고 이번에는 삼로를 강에 던지게 하였다. 그리고 옷깃을 가다듬고 강을 향해 허리를 굽혀 절을 한 뒤에 제자리에 꼼짝도 않고 서 있었다. 곁에 있던 장로나 하급 관리들은 몸을 부들부들 떨었다. 잠시 후 뒤로 물러선 서문표는 이렇게 말하였다.

"무녀들도, 삼로도 아직 돌아오지 않으니 어떻게 된 일이오?"

그리고 이번에는 관리와 호족 두 사람도 함께 마중을 가자고 했다. 두 사람은 엎드려 땅에 이마를 비벼대며 목숨만 살려 달라고 애걸복걸하였다. 이마에서는 피가 흐르며 얼굴은 하얗게 질려 있었다.

서문표는 하급 관리를 시켜 대무를 강에 던지게 했다.

"그럼 좋소. 조금 더 기다려 주지."

그리고 또다시 시간이 흘렀다. 서문표는 이렇게 말하였다.

"모두 일어나시오. 하신은 손님을 잡아놓고 돌려보내지 않는 모양이오. 그대들은 이제 돌아가도 좋소."

일이 벌어지는 전말을 보고 업지방의 관리들과 백성들은 간담이 서늘해졌다. 그리고 그 뒤부터 누구 한 사람 하신에게 처녀를 보내자는 말을 꺼내지를 않았다.

서문표는 이렇게 미신을 일소한 뒤 사람들을 징발하여 12개의 용수로를 파서 황하의 물을 끌어들여 농지에 물을 댔다.

서문표는 이렇게 말하였다.

"백성들에게 정책을 이해시킬 필요는 없다. 그 결과가 그들에게 유리하면 그것으로 만족한다. 지금 당장은 누구나 나의 명령을 기피하고 있지만, 손자 대(代)가 되면 틀림없이 내가 시킨 일이 올바르고 유익했음을 깨닫게 될 것이다."

그 때 서문표의 이야기처럼 업지방은 현재에 이르기까지 수리가 잘 되어 있고 현의 백성들은 풍족한 생활을 누리고 있는 것이다.

9. 위대한 군사 이론가 손무
(孫武 기원전?~480년)

손무는 제(齊)나라 사람으로 중국 춘추말기 때의
위대한 군사이론가이다.

"적을 알고 스스로를 알면 백전이 위태롭지 않다"는 유명한 명
언의 출전인 《손자》는 병서의 고전으로서, 단순히 전쟁 기술을 기
록한 글에 머물지 않고 이 세상에 전쟁이 있는 한, 살아 있는 보편
성을 지니고 있다. 손자의 시대와 현대와는 전쟁의 규모나 기술이
비교도 안 될 정도로 다른데도 불구하고 그것은 손자의 병법이 인
간에 대한 깊은 통찰에 의거하고 있기 때문이다.

손무는 제나라 사람이지만 병법에 통달해 있었으므로 오왕 합려
의 초청을 받은 일이 있다.

"그대가 지은 병서 13편은 전부 읽었소. 어디 여기서 한번 시험 삼아 열병하는 것을 보여 줄 수 없겠소?"

"그러죠."

"여인들이라도 할 수 있겠소?"

"할 수 있습니다."

이리하여 궁중의 미녀 180명을 모아 열병을 하기로 되었다. 손무는 먼저 2개 부대로 나누고 왕의 총희 두 사람을 각각 대장으로 삼았다. 그리고는 전원에게 창을 들게 하고 말하였다.

"어떤가, 자신의 가슴, 왼손, 오른손, 등 쪽을 알 수 있는가?"

그는 다시금 말하였다.

"그럼, 앞이라고 하면 가슴을 보라, 마찬가지로 왼쪽이라고 하면 왼손, 오른쪽이라고 하면 오른손, 뒤라고 하면 등쪽을 보아라. 알았는가?"

"예!"

여인들에게 구령을 전하니 손무는 형벌용으로 쓰는 큰 도끼를 꺼냈다. 또한 자기의 구령이 전원에게 전달되도록 설명을 되풀이했다.

그런데 막상 북을 치고 "오른쪽!" 하자 여인들은 킥킥거리며 웃을 뿐이었다.

군궁녀들은 손무의 구형을 듣지 않고 서로 킥킥거리며 웃을 뿐이다.

이를 본 손무는 "내 구령이 나빴던 모양이지. 미안하다"라고 말하며 전과 같은 구령의 설명을 몇 번이고 되풀이했다. 그러고는 시간이 흐른 후 손무는 다시 한 번 북을 울리고 "왼쪽!" 하고 구령을 외쳤다. 궁녀들은 또다시 킥킥거리며 웃을 뿐이었다. 손무는 말하였다.

손무는 오왕의 요구에도 불구하고 두 총희를 베어버렸다

"아까는 내 잘못이었지만 이번에는 다르다는 것을 전원이 잘 알았을 것이다. 그런데도 구령대로 움직이지 않을 적에는 대장 책임이다."

그는 손에 든 큰 도끼로 두 대장을 치려 했다. 오왕은 누각 위에서 구경을 하고 있었는데 자기의 총희가 죽게 된 것을 보고 당황했다. 그는 곧 전령을 보내 말하였다.

"그대의 훌륭한 열병 솜씨는 익히 보았소. 그 두 여인이 없으면 나는 목구멍에 밥이 제대로 넘어가지를 않소. 부디 죽이지 말아 주오."

그러나 손무는

"이 부대의 장은 저입니다. 장이 군에 있을 적에는 군명(君命)이라도 받아들일 수 없을 때도 있습니다."

그렇게 말하고 두 대장을 베어버린 뒤에 총희 다음가는 미인 두 사람을 후임 대장으로 삼았다. 그런 뒤 북을 치고 구령을 내리자 여인들은 구령대로 왼쪽, 오른쪽, 앞, 뒤, 무릎 꿇기 등 모두가 질서 정연히 행하며 누구 한 사람 소리도 내지 않았다.

손무는 왕에게 전령을 보내 보고하였다.

"열병은 벌써 완료했습니다. 이리로 오셔서 시험해 보십시오. 대왕께서 명령만 내리시면 병사들은 불 속이건 물 속이건 바로 뛰어들 것입니다."

"아니 그럴 필요 없소. 그대는 숙소에 들어가 쉬도록 하시오."

"아마 대왕께서는 병법의 이론만을 잘 아시는 모양인데 실천은 못하시는 것 같군요."

이 말을 듣고 오왕은 손무가 용병에 뛰어났음을 알고 그를 장군으로 발탁하였다.

오나라는 그 뒤 서쪽으로는 초나라를 쳐서 초나라의 서울 영으로 들어가고, 북쪽으로는 제, 진을 위협하여 제후 사이에 그 명성이 드높았거니와 이것은 어디까지나 손무의 덕분이다.

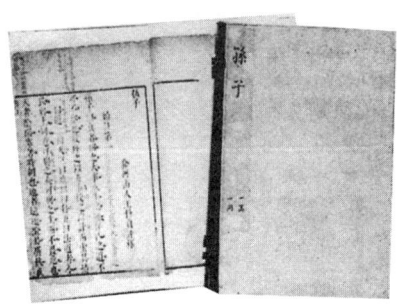

손무의 《손자병법》.

10. 아버지의 원수를 갚은 오자서(伍子胥)

오자서는 초(楚)나라 사람으로 춘추 말기 오나라 대부(大夫)를 지냈다. 초나라 평왕에게는 건이라는 태자가 있었다.

　평왕은 오사(오자서의 아버지)를 태자의 큰스승으로 삼고, 비무기라는 사람을 작은 스승으로 삼았다. 그런데 비무기는 태자 건에게 충성스럽지가 못했다.

　어느 해 평왕은 비무기를 진나라 사신으로 보내어 건의 아내가 될 만한 공주를 맞아오도록 하였다. 비무기는 공주를 만나 보고 초나라로 달려와 평왕에게 이렇게 말했다.

　"진나라 공주는 빼어난 미인입니다. 임금님께서 그 공주를 후궁으로 맞으시고 태자에게는 다른 여자를 아내로 맞아 주는 것이 좋을 듯합니다."

비무기의 말에 마음이 동한 평왕은 진나라 공주는 자기가 차지하고, 건에게는 다른 여자를 아내로 맞아 주었다. 평왕은 이 공주를 무척 사랑하여 아들 진을 낳기까지 했다.

그 후 비무기는 평왕의 총애를 받아 태자 건의 옆을 떠나 평왕을 모시게 되었다. 그러나 비무기는 평왕이 죽고 건이 임금이 돼서 자기를 죽일까 봐 겁이 난 나머지 태자 건을 헐뜯기 시작하였다. 건의 어머니는 채나라 공주인데 평왕의 사랑을 받지 못했었다. 평왕은 태자 건조차 멀리하다가 마침내 그를 변경 성보 태수로 임명하여 조정에서 내보냈다.

비무기는 태자가 변방으로 쫓겨났는데도 계속해서 모함을 그치지 않았다.

"신의 생각으로는 태자께서 변방으로 나가셨지만, 공주의 일로 인해 임금님을 원망하고 계십니다. 아무쪼록 태자를 경계하심이 좋을 듯합니다. 더욱이 태자께서는 변방을 지키는 군사를 거느리고 있습니다. 언제든 마음만 먹으면 힘을 합쳐 반란을 일으킬 수 있사옵니다."

비무기의 말에 불안해진 평왕은 태자의 스승인 오사를 불러들여 태자의 동정을 물었다. 오사는 비무기가 태자를 헐뜯고 있다는 사실을 알고 있었다.

"임금님께서는 어찌하여 모함을 일삼는 소인배의 말만 믿으시고 자식을 멀리하시옵니까?"

오사의 솔직한 말에 옆에 있던 비무기가 놀라서 말했다.

"임금님께서는 신의 말씀을 믿지 않으셨다가 당장 태자가 반란을 일으키면 어찌 하시렵니까? 그 때는 임금님께서도 포로를 면치 못하실 것이옵니다."

평왕은 비무기의 말을 듣고 오사를 감옥에 가두어 버렸다. 그러고는 변방에 있는 태자를 잡아 죽이라고 영을 내렸다. 그러나 평왕의 명령을 받들어 태자를 죽이러 가던 분양이라는 사람이 미리 태자에게 사람을 보내어 도망치게 만들었다. 태자는 송나라로 도망을 갔다.

비무기가 평왕에게 말하였다.

"오사에게 두 아들이 있는데 둘 다 총명하여 지금 죽이지 않는다면 후에 초나라의 근심거리가 될 것이옵니다. 오사를 인질로 삼아 두 아들을 불러들여 처치하는 것이 옳은 줄 아옵니다."

평왕은 비무기의 말을 듣고 감옥에 있는 오사에게 사람을 보내어 이렇게 이르게 하였다.

"너의 두 아들을 불러들이면 목숨을 살려 주겠으나 그렇지 않으면 살아남지 못하리라."

오사가 사람을 통해 임금에게 말하였다.

"상은 사람됨이 어질어 내가 부르면 올 것이옵니다. 하지만 원(자서)은 고집이 세고 남의 말에 대들기 잘 하고 모욕을 잘 참고 견디는 성격이어서 그리 간단하지가 않을 것이옵니다. 그애는 여기에 오면 이 애비와 함께 잡힐 것이라는 사실을 내다보고 있을 것이옵니다. 장차 그 애는 큰 일을 이루어낼 것입니다."

오사의 말을 들은 평왕은 오사의 두 아들에게 직접 사람을 보내어 엄포를 놓게 하였다.

"너희들이 오면 네 아비를 살려 줄 것이로되, 오지 않으면 죽이겠다."

오상(오자서의 형)이 당장 가려고 하자 오자서가 만류하였다.

"형님, 임금이 우리 형제를 부르는 것은 아버지를 살려 주려는 것이 아닙니다. 우리들이 달아나면 뒷일이 두려워 아버지를 인질로 잡아두고 우리를 거짓말로 부르는 것입니다. 우리들은 가자마자 모두 몰살당하고 맙니다. 그렇게 되면 아버지의 원수도 갚지 못할 것입니다. 따라서 차라리 다른 나라로 달아났다가 힘을 얻은 다음 원수를 갚아야 합니다."

그러나 오상의 주장은 달랐다.

"나 역시 우리가 간다고 해서 아버지의 목숨을 건질 수 있다고 보지는 않는다. 하지만 아버지가 우리를 불러 목숨을 구하려 하는 데도 가지를 않고, 그렇다고 훗날 원수도 갚을 수 없다면 세상의 웃음거리가 될 것이다. 그러니 너는 어서 달아나 훗날 원수를 갚아다오. 나는 아버지께 가서 함께 죽겠다."

이렇게 말한 오상은 조정에서 파견한 무사에게 제 발로 걸어가 잡혔다. 그 무사가 오자서까지 잡으려고 다가오자 오자서는 활시위를 겨냥해 무사가 주춤하는 사이에 달아났다. 그는 태자 건이 송나라에 있다는 소문을 듣고 그곳으로 가서 태자를 따랐다.

오사는 작은아들 자서가 달아났다는 말을 듣고 이렇게 말하였다.

"초나라 임금과 신하들은 이제 전쟁으로 괴로움을 당할 것이다."

오사는 서울로 잡혀온 큰아들 오상과 함께 죽음을 당했다.

오자서가 송나라에 도착해 보니 마침 '화씨의 난'이 일어나 있었다. 오자서는 태자 건을 모시고 정나라로 달아났다. 정나라 조정에서는 그들을 극진히 대우했으나 태자 건은 다시 진나라로 갔다.

진나라 경공이 건에게 말했다.

"태자께서는 정나라 조정과 친한 사이라서 정나라 백성들이 신임하고 있소이다. 태자께서 우리 진나라를 위해 정나라에 가서 조정을 교란시키고 우리 진나라 군사가 공격한다면 정나라를 멸망시킬 수 있을 것이외다. 정나라를 없애면 태자를 그곳 임금으로 삼겠소."

이 말을 듣고 태자 건은 정나라로 되돌아갔다. 그런데 한 하인이 잘못을 저질러 태자는 하인을 죽이려 했다. 그 하인은 태자의 음모를 알고 있었으므로 도망쳐서 정나라 조정에 고자질을 했다 하여 정나라에서는 태자 건을 죽이라고 명했다.

오자서는 겁이 나서 태자 건의 아들 승과 함께 오나라로 달아났다. 그런데 정나라 국경인 소관에 이르자 소관의 관리들이 오자서와 승을 잡으려고 했다. 오자서는 승과 헤어져 혼자 달아났다.

오자서는 추격자를 따돌리며 양자강에 이르렀다. 그 때 강 위에서 고기를 잡고 있던 어부가 오자서가 위급한 것을 알고 강을 건너도록 도와주었다. 오자서는 강을 건넌 뒤 허리에 매고 있던 칼을 풀어 어부에게 사례하려고 하였다,

"이 칼은 비싼 것이라오. 받아주시오."

그러자 어부가 말하였다.

"초나라 법에 오자서를 잡는 사람에게 좁쌀 5만 석과 벼슬을 준다고 했소. 내가 맘만 먹는다면 이 따위 칼이 문제겠소?"

어부는 칼을 받지 않았다.

오자서는 오나라에 닿기 전에 병이 들어 밥을 빌어먹으며 지냈다. 병이 나아 오나라 수도에 이르러 보니 요가 정권을 잡고 있었으며 공자 광이 장군으로 있었다. 오자서는 공자 광을 통해 임금 요를 뵙게 되었다.

오나라에서는 초나라 국경의 종리 고을과 오나라 국경의 비량지 고을이 모두 누에를 치고 있었는데 양쪽 여인들이 뽕을 놓고 다투다가 싸움이 벌어진 사건이 발생하였다.

초나라 평왕은 크게 성을 내고 군대를 일으켜 오나라를 공격했다. 그런데 오나라 공자 광이 초나라의 종리와 거소를 함락시켰다. 이 때 오자서가 임금 요를 설득하였다.

"초나라를 격파할 수 있사오니 공자님을 다시 보내시옵소서."

그러자 광이 말했다.

"오자서의 아버지와 형은 초나라에서 잡혀죽었습니다. 지금 저 자가 초나라를 치도록 임금께 아뢰는 것은 자기의 원수를 갚고자 함이옵니다. 게다가 아직은 초나라를 격파할 수 없사옵니다."

오자서는 공자 광이 임금을 죽이고 자신이 왕이 되려는 속셈을 품고 있다는 것을 알아차렸다. 오자서는 조정에서 물러나와 건의 아들 승과 함께 들에서 밭을 갈며 지냈다.

5년의 세월이 흘러 초나라 평왕이 죽고 진이 임금이 되었다. 오나라는 평왕의 장례식을 틈타 두 공자를 시켜 초나라를 기습하게 하였다. 그러나 초나라 군대가 오나라 군대의 후미를 끊어 버리자 오나라 군대는 돌아갈 수 없게 되었다. 이렇게 되어 오나라의 수도가 텅 비게 되자 공자 광은 임금을 죽이고 스스로 임금이 되었다. 그가 바로 오나라의 합려이다. 합려는 임금이 되자 오자서를 등용시켜 나랏일을 함께 의논하였다.

합려가 왕위에 오른 지 4~5년 사이에 오나라는 초나라와 월나라를 쳐서 모두 이겼다. 오나라는 오자서를 장군으로 삼아 초나라 군대를 크게 무찌르고 초나라 땅 거소를 차지했다.

합려는 임금이 된 지 9년이 되는 해에 오자서와 손자에게 물었다.

"그대들은 예전에 초나라 수도로 쳐들어갈 시기가 아니라고 했소. 지금은 어떻소?"

두 사람은 이구동성으로 대답하였다.

"초나라 장군 낭와는 욕심이 많아 속국인 당나라와 채나라가 그를 원망하고 있습니다. 임금께서 초나라를 차지하려면 먼저 당나라와 채나라의 민심을 얻어야 될 줄로 아옵니다."

합려는 그 말을 받아들여 당·채 두 나라를 설득한 후 함께 군사를 일으켜 초나라로 쳐들어갔다.

오나라 군대가 초나라 수도에 쳐들어가는 날, 오자서는 초나라 소왕을 잡으려고 궁궐을 뒤졌다. 그러나 도망친 소왕은 잡지를 못 했으며, 그 대신 평왕의 무덤을 파헤쳐 왕의 시신에 3백 번이나 채찍질을 한 뒤에야 분풀이를 그쳤다.

산 속으로 도망쳤던 신포서(초나라의 대부大夫)가 오자서에게 사람을 보내어 이렇게 말하게 하였다.

"그대의 복수는 너무 지나쳤다. 옛말에 '사람이 많이 모이면 한때 하늘을 이길 수도 있지만, 하늘이 결정을 내리면 또한 사람을 깨뜨리게 된다'고 했노라. 그대는 원래 평왕의 신하가 아니었나? 임금의 사체에 그토록 큰 욕을 보였으니 이보다 더 하늘의 뜻에 어긋나는 일이 어디 있겠는가?"

오자서가 전갈을 들고 온 사내에게 이렇게 말하였다.

"신포서에게 내 말을 전하라. '해는 지고 길은 멀어서 비틀거리느라고 하늘의 뜻을 따를 겨를이 없었노라'고. 어서 가게."

신포서는 진나라로 달아나 구원을 청했지만, 진나라에서는 모르는 체 했다. 하지만 신포서가 대궐 뜰에 엎드려 밤낮을 가리지 않고 일주일 동안이나 애원하자 진나라 애공은 그를 가엾게 여겼다.

"초나라가 비록 나쁜 짓을 많이 했지만 이런 신하가 있으니 도와

주어야 하지 않겠느냐?"

그리하여 지원군을 보내어 오나라를 치게 하였다.

오나라 임금 합려는 초나라 소왕을 찾느라 오랫동안 초나라에 있었다. 그 틈에 합려의 동생 부개가 슬그머니 초나라를 떠나 오나라로 돌아가 스스로 왕이 되었다. 이 사실을 안 합려는 급히 아우를 쳤다. 부개는 싸움에서 지자 초나라로 도망쳤다.

초나라 소왕은 오나라의 내란을 틈타 다시 수도 영으로 돌아와 부개에게 벼슬을 주고 오나라와 싸워 크게 이겼다.

그 후 3년 뒤 합려는 태자 부차에게 군대를 주어 초나라를 치게 만들었다.

이 무렵 오나라는 오자서와 손자의 계책으로 서쪽으로는 강한 초나라를 깨뜨리고, 북쪽으로는 제나라와 진나라를 위협했으며, 남쪽으로는 월나라를 굴복시키고 있었다.

오왕 부차는 오자서의 말을 듣지 않고 백비의 계책만을 믿고 따르면서 끝내는 오자서를 제나라의 사신으로 보냈다.

오자서는 사신의 임무를 마치고 귀향길에 오르면서 자기 아들에게 말하였다.

"내가 여러 차례 임금에게 말했지만 임금은 내 말을 듣지 않았다. 나는 멀지 않아 오나라가 망하는 것을 보게 될 것이다. 하지만 너까지 오나라와 함께 죽는 것을 보고 싶지는 않다.”

오자서는 아들을 제나라 포숙아에게 맡기고 돌아왔다.

백비는 오자서가 아들을 제나라에 맡기고 돌아온 사실을 트집 잡아 그를 임금께 헐뜯었다.

오자서는 칼로 목을 찔러 자결했다.

이에 오나라 임금이 대답하였다.

"그대의 말이 아니더라도 나 또한 의심하고 있던 바요."

오나라 임금은 무사에게 칼을 주며 오자서에게 가서 영을 받도록 이르라고 말했다.

"오자서는 이 칼로 자결하라!"

오자서는 칼을 받고 하늘을 우러러 탄식하였다.

"아아 슬프도다. 간신 백비가 나라를 어지럽히고, 임금은 충신인 나를 죽이는구나. 나는 임금의 아버지를 제후들의 패자(霸者)로 만들었다. 임금이 태자가 되기 전부터 내가 선왕에게 목숨을 걸고 다투어 여러 공자 가운데에서 태자로 정해 주었다. 내가 아니었더라면 어찌 임금이 되었겠는가? 임금이 된 뒤에 내게 오나라를 나누어 준다고 했을 때 나는 받지 않았다. 그러나 지금 임금은 아첨하는 신하의 말을 듣고 끝내 내 목숨까지 빼앗아가는구나."

탄식을 끝낸 후 오자서는 친구들에게 말하였다.

"내 무덤 위에는 꼭 가래나무를 심어 오나라 임금의 관을 만들 수 있게 하고, 내 눈알을 뽑아내어 수도 동문 위에 걸어놓게나. 월나라 군대가 쳐들어와 오나라가 망하는 꼴을 똑똑히 보고 싶네."

오자서는 칼로 스스로 목을 찔러 자결하였다.

오나라 임금은 그 말을 듣고 크게 성내며 시체를 끌어내다가 말가죽 자루에 넣어서 강물에 던져 버리라고 명하였다.

사람들은 그를 가엾게 여겨 강물 기슭에 사당을 세워 주고 그 산 이름을 '서산'이라고 불렀다.

오자서가 죽은 지 9년이 지난 뒤 월왕 구천은 오나라를 멸망시켜 임금 부차를 죽이고 간신 백비도 없애 버렸다.

훗날 태사공은 이러한 결론을 내렸다.

"원한의 독이 사람에게 끼친 영향은 너무나 크다. 아무리 임금일 지라도 자기 신하에게 원한 품을 일을 해서는 안 된다."

오자서의 원수갚음은 의를 사랑하고 지키는 이의 본보기가 될 것이다. 사람이 의를 모르면 개, 돼지나 다를 바 없다. 그럴 것이 의 는 사람의 도리 가운데 으뜸이기 때문이다.

11. 출기제승(出奇制勝)의 병법대사 손빈
(孫臏 기원전380~310?년)

손빈은 전국시대 제(齊)나라의 저명한 군사가 손무의 후예이다. 그는 젊었을 때부터 방연(龐涓)이라는 사나이와 같이 병법을 배웠다.

방연은 재빨리 위나라의 혜왕에게 출사하여 장군이 되었다. 그런데 그는 자기의 재능이 도저히 손빈에게 미치지 못함을 너무나 잘 알고 있었고, 그 사실이 불안하기 짝이 없었다. 그래서 궁리 끝에 간계를 짜 손빈을 위나라로 불러들여 그에게 애매한 죄를 씌워서 그 벌로 다리를 절단한 뒤 얼굴에 문신을 했다. 게다가 사람을 만나지 못하게 감시했다.

그러던 중 어쩌다 제나라의 사산이 위나라 서울 대량을 방문하였다. 손빈은 창피를 무릅쓰고 비밀리에 사신을 면회하였다. 사신은 손빈의 재능을 알아보고 자신의 수레에 숨겨 제나라로 데리고 왔다. 손빈의 재능은 또 제나라의 장군 전기(田忌)에게 인정되어 빈객으로 대접받았다.

장군 전기는 도박을 좋아해서 제나라 동자들과 돈을 걸고 마차 경주를 즐기고 있었다. 손빈은 경주를 관찰하면서 출전하는 쌍방의 세 마차는 상·중·하의 3급으로 나뉘고, 같은 급수끼리의 말의 다리 힘에는 차이가 없다는 사실을 알아냈다. 마차 경주가 시작되는 날 손빈은 전기에게 이렇게 고했다.

경마는 당시 제나라 귀족들이 즐기는 오락으로, 제위왕은 늘 전기와 경마를 하곤 했다.

"이번 경마에서는 꼭 이기게 해드리죠."

전기는 마음이 동해 공자들뿐만 아니라 왕한테까지도 상대로 해서 천금의 큰 승부에 도전하였다.

마침내 경주 당일 손빈은 전기에게 귀띔을 하였다.

"이편의 제일 느린 말이 저편의 제일 빠른 말과 한 조가 되도록 짜시오. 그리고 이편의 제일 빠른 말을 저편의 중간치 말과, 중간치 말은 하치 말에 짜도록 하십시오."

그 결과 전기는 3전 2승 1패로 한 몫을 크게 챙겼다.

전기는 손빈의 훈수 덕에 재미를 보자 점점 더 손빈에게 반하여 마침내 제나라 위왕에게 손빈을 추천하였다. 위왕은 병법에 관해 손빈과 문답을 가진 뒤 그를 군사로 임명하였다.

13년 뒤, 위나라는 조나라와 손을 잡고 한나라를 공격하였다. 제나라는 한나라로부터 지원 요청을 받고 전기를 장군으로 임명하였다. 위나라 방연은 이 사실을 알자 호기(好期)가 왔다는 듯 전기의 군대를 후방에서부터 습격하려고 추격 태세로 들어갔다.

손빈은 전기에게 이와 같이 헌책하였다.

"위나라 군사는 본래 용감하여 제나라 군대를 겁쟁이라고 깔보고 있습니다. 정말로 잘 싸우는 사람은 적세를 역용하는 법입니다. 병법에도 승리에 취해 깊이 쫓기를 백리 하면 장수를 잃고, 50리면 군병의 절반을 잃는다고 합니다. 우리 군대의 숙영지에 만드는 아궁이의 수를 오늘은 10만, 내일은 5만, 그 다음날은 3만, 이렇게 차츰 줄여가 봅시다."

방연은 제나라 군대를 추적하기를 사흘, 아궁이의 자리가 줄어가는 것을 보며 매우 기뻐하였다.

"제나라의 군대가 겁쟁이라는 말은 익히 듣고 있었지만, 우리 영내에 들어와서 아직 사흘이 될까말까 한데 반 수 이상이 도망간 것은 너무 심하군."

그래서 휘하의 보병부대를 뒤에 남겨두고 경장의 기병대만을 이끌고 바로 제나라 군대를 추격하려고 속도를 올렸다.

그 무렵 손빈의 계산으로는 해질녘에 위나라 군대가 마릉에 도착할 것으로 보였다.

마릉은 골짜기에서 길 폭은 좁고 그 양쪽은 험준한 비탈로 되어 있으므로 복병을 배치하기에는 안성맞춤인 지세이다.

손빈은 길가의 큰 나무를 깎아 '방연, 이 나무 아래서 죽다' 라고 크게 써놓고 다수의 저격병을 길 양쪽에 매복시켜 이렇게 명령했다.

"날이 저문 뒤에 이 나무 밑에 불이 켜질 것이다. 그 불을 향해 일제히 쏘아라."

방연이 마릉에 도착하자 손빈 군대의 저격에 방연은 생명을 잃고 말았다.

그날 밤 예상대로 그 나무 밑에 당도한 방연은 나무에 쓰여 있는 글씨를 쳐다보았다.

그가 불을 켜고 읽으려는 순간 제나라 군대의 쇠뇌가 일제히 발사되었다. 그러자 위나라 군대는 어둠속에서 큰 혼란에 빠지고 말았다.

방연은 모든 일이 끝났음을 알고 "기어코 놈(손빈)을 출세시켜 주는군" 이렇게 말하고는 자결을 해버렸다.

　제나라 군사는 승세를 몰아 위나라를 철저히 쳐서 위나라의 태
자 신(申)을 사로잡아 귀환하였다. 이렇게 해서 손빈의 이름은 천하
에 알려지고, 그 병법 또한 후세에까지 전해지게 되었다.

12. 안자의 혜안

제나라 재상인 안자는 조정에서 임금이 물어보면 늘 겸손하게 대답했고,
말을 걸어오지 않으면 몸가짐을 더욱 자제하고 조심했다.

또한 나라에서 도를 행할 때는 임금의 명령을 따라 잘 이행했고,
도가 없을 때에는 임금의 명령이 과연 옳은 것인지 곰곰이 헤아려
보았다. 그리하여 제나라 임금 3대에 걸쳐 제후들 사이에 이름을
떨쳤다.

어느날 안자가 길을 가다가 월석보라는 현인이 죄를 지어 오랏
줄에 묶여 있는 것을 보고 자기의 수레를 이끄는 왼쪽 말을 풀어서
속죄금으로 내주고 월석보를 수레에 태워 집으로 돌아왔다.

그런데 월석보를 집으로 데리고 온 안자는 한마디 인사말도 없

이 안채로 들어가 버렸다. 잠시 뒤 월석보가 안자에게 돌아가겠다는 말을 전달하였다. 이에 깜짝 놀란 안자는 의관을 바로하고 월석보에게 정중히 사과했다.

"이 안영이 비록 어질지는 못하지만 선생을 재앙에서 구해드렸습니다. 어찌하여 선생께선 이다지도 급하게 절교를 하시려 합니까?"

안자는 월석보에게 정중히 사과한다.

그러자 월석보가 불쾌한 표정을 짓고 이렇게 말하였다.

"내 일찍이 들은 바로는 군자가 자기를 모르는 자에게는 자기의 뜻을 굽히지만, 자기를 알아주는 자에게는 자기의 뜻을 편다고 했소이다. 내가 죄수로 묶여 있을 때 나를 죄 준 자는 나를 모르는 자였소. 그러나 공은 내게 죄 없음을 알고서 내 죗값을 내고 풀어주셨으니 그게 바로 나를 알아주신 게 아니겠소? 나를 알아주고도 예의를 차리지 않는다면 차라리 죄수로 묶여 있는 것보다 못하오."

안자는 이 말을 듣고 크게 깨달아 월석보를 안채로 모셔들이고 상객으로 대우했다.

어느날 안자가 외출하는데 마부의 아내가 문 틈으로 자기 남편의 모습을 몰래 엿보고 있었다.

마부는 커다란 양산을 펴서 받쳐들고 말에 채찍질을 하면서 매우 의기양양했다.

그날 마부가 외출에서 집으로 돌아오자 그의 아내가 갑자기 이혼하겠다고 말하였다. 마부는 영문을 몰라 아내에게 물었다.

"당신의 주인 안자는 키가 6척도 못되지만 그 몸으로 제나라 제상이 되어 제후들 가운데 이름을 날리고 있습니다. 아까 당신의 주인이 외출하는 모습을 보니 주인은 남에게 겸손하더군요. 그런데 당신은 8척이나 되는 큰 키로 기껏 남의 마부 노릇이나 하면서 그

마부의 아내가 자기 남편이 의기양양해서 마차를 몰고 가는 모습을 문 틈으로 보고 있다.

것도 장하다고 매우 만족한 듯 뻐기는 모습입니다. 당신의 그 모습을 보고 이혼하려는 거라오."

아내의 말을 듣고 마부는 그 뒤부터 자만심을 버리고 겸손하게 행동하였다.

갑자기 달라진 마부의 모습을 보고 안지기 이상히게 여겨 그 끼닭을 물었더니 마부는 아내의 말을 그대로 전하였다.

"대감마님. 그날부터 이 미천한 것이 우쭐대지 않기로 작심한 것이옵니다."

안자는 빙그레 웃고 그 뒤 마부를 천거하여 대부(大夫)로 삼았다.

제나라 장공이 반역한 신하에게 죽음을 당하자 안자는 그 사체 앞에 엎드려 곡을 했다. 그러나 예를 마친 다음에 반역한 신하를 치지 않고 그대로 가 버렸다. 그렇다면 안자야말로 의를 알고도 행하지 않는 비겁자가 아닐까?

하지만 안자가 임금에게 충성껏 말할 적에 임금의 얼굴표정에 조금도 상관하지 않았던 것을 보면, 그야말로 "나아가서는 충성을 다할 것을 생각하고 물러나서는 허물을 고칠 것을 생각한다"는 마음가짐이 아니었는지 모른다.

안자는 《안자춘추》라는 책을 남겼다.

공자는 관중을 소인이라 평했거니와 아마 주나라 왕실이 약해지는 것을 보고 현명한 임금 환공을 도와 어진 왕이 되도록 힘쓰지 않아 환공을 제후들의 패자에 그치게 한 것 때문이 아닌가 생각된다.

"좋은 점은 더욱 길러 주고, 나쁜 점은 바로잡아 주면 윗사람과 아랫사람이 서로 친근해진다"는 말이 있다. 이는 관중의 경우이다.

안자는 검소하고 관중은 사치스러웠다. 그리고 제나라 환공은
관중의 도움으로 제후들의 패자가 되었고, 견공은 안자의 도움으
로 나라를 잘 다스렸다.

13. 죽은 사람을 살린 명의 편작
(扁鵲 기원전 407~310년)

편작은 제나라 발해 사람으로 춘추시대의
저명한 의학가이다. 그의 의술은 매우 고명하여
각 제후국들을 돌아다니면서 많은 질병을 치료하였다.

한 번은 괵나라를 방문했을 때이다. 괵나라 태자가 죽었다고 나라 안이 술렁거렸다. 편작은 궁궐 앞에 나아가 의술을 잘 아는 한 사람에게 물었다.

"태자는 무슨 병이었소?"

"태자의 병은 피부가 불순하여 몸을 해치게 된 것이오."

"몇시 경에 죽었습니까?"

"닭이 울 무렵이었소."

"시체는 염을 했습니까?"

"아니요, 죽은 지 아직 반나절도 되지 않았소."

그러자 편작은 말하였다.

"나는 제나라 발해 진월인으로 태자를 소생시킬 수 있습니다. 태자를 보여줄 수 있겠소?"

"선생은 근거 없는 말로 우롱하지 마시오. 죽은 태자를 어떻게 살릴 수 있단 말씀이오?"

편작은 태자를 살릴 수 있다는 방법을 말했으나, 자신의 말을 믿지 않자 하늘을 우러러 탄식했다.

"그대의 의술은 대롱으로 하늘을 들여다보고 그 틈을 통해서 모양을 보는 것과 같소. 내 의술은 진맥을 하거나 얼굴색을 보거나 말소리를 듣고 그 형태를 살피지 않고도 병이 있는 곳을 말할 수 있소. 이것을 자세히 설명할 수는 없소. 그러나 내 말을 정녕 믿지 못하겠거든 시험삼아 궁중에 들어가 태자를 다시 진찰해 보시오. 귀에서 소리가 나고 코가 팽팽해져 있을 것이며 두 허벅지를 주물러 국부에 이르면 아직도 온기가 남아 있을 것이외다."

의술을 좋아하는 중서자라는 사람이 편작의 말을 듣고 한참 동안 현기증을 느꼈다. 그러고는 궁궐로 들어가 편작의 말을 괵나라 임금에게 전했다. 임금은 궁궐 문에까지 나와 편작을 맞아들였다.

"평소에 선생님의 높은 명성을 익히 들었소이다. 선생께서 소국을 방문하시니 얼마나 다행한 일인지 모르겠습니다."

말을 채 끝내지도 못하고 괵나라 임금은 눈물을 흘렸다.

편작이 말하였다.

"제가 보기에 태자의 병은 시궐(피가 거꾸로 치솟아올라 기절하는 병)
같습니다. 한마디로 말하건대, 오장의 기가 몸 속에서 치솟아 갑자
기 일어나는 것입니다."

편작은 곧 제자 자양을 시켜 숫돌에 침을 갈게 하고 혈맥을 짚어
침을 놓았다.

얼마 후 태자는 소생하였다. 편작은 제자 자표에게 고약을 만들
게 하고 약제를 달여서 태자의 겨드랑이 아래에 바르고 붙이도록
하였다. 그러자 태자는 일어나 앉게 되었다. 편작은 태자의 음양의
기운을 조절하고 탕약을 20일 동안 복용시켰다. 그러자 태자는 본
래의 건강을 되찾았다.

"나는 결코 죽은 사람을 살린 것이 아니라 ,당연히 살 수 있는 사
람을 일으켰을 뿐이다."

편작이 제나라를 방문했을 때의 일이다. 제나라 환후가 그를 손
님으로 맞이했다. 편작이 환후에게 말하였다.

"임금께서는 피부병이 있습니다. 지금 치료하지 않으면 장차 깊
어지게 될 것입니다."

"나는 병이 없다."

환후가 신하들에게 말하였다.

"의원이 이익에 급급하고 있군. 병이 없는 사람에게서 공을 세우려 하지 않느냐?"

편작이 공손하게 환후에게 병을 말하자 환후는 듣지 않고 자리를 떠났다.

그 후 닷새가 지나자 편작이 환후를 뵙고 말하였다.

"임금께서는 혈맥에 병이 있습니다."

"내겐 병이 없소."

편작은 아무 말 없이 나가 버렸다. 환후는 몹시 언짢게 여겼다.

다시 5일 후에 편작이 환후를 뵙고 말했다.

"임금께서는 위장 사이에 병이 있습니다. 지금 치료하지 않으시면 더욱 악화됩니다."

환후는 대꾸하지 않았다. 이번에도 편작은 말없이 나가 버렸다.

그 뒤 5일 만에 편작이 환후를 다시 찾아뵙자, 환후는 반기지를 않았다. 또다시 5일이 지나자 편작은 환후를 뵙고 물러나와 그 길로 달아나 버렸다. 환후가 사람을 시켜 달아나는 까닭을 물었다. 편작이 말하였다.

"병이 피부에 있으면 탕약과 고약으로 치료할 수 있고, 혈맥에 있으면 침으로 치료할 수 있다. 또한 창자 위에 있을 때는 청주와 탁주로 치료할 수가 있다. 하지만 환후의 병은 이미 골수에 있으므로 비록 사람의 생명을 다루는 신일지라도 어찌할 수가 없다."

그 뒤 5일 만에 환후는 병석에 누웠다. 그래서 사람을 시켜 편작을 찾았으나 그는 이미 제나라를 떠나고 없었다. 환후는 결국 죽고 말았다.

편작은 환후의 병이 이미 골수에 있어 치료하할 수 없게 되자 제나라를 떠났다.

병의 기미를 알아 훌륭한 의원을 시켜 치료하면 병은 나을 수 있고 생명을 건질 수도 있다. 그러나 사람들이 걱정하는 것은 병이 많은 것이고 의원이 걱정하는 것은 병을 치료하는 길이 적은 것이다.

그리하여 병에는 여섯 가지 불치의 병이 있다.

첫째, 교만하여 도리를 무시하는 것.

둘째, 몸을 가벼이 여기고 재물을 탐하는 것.

셋째, 의식을 적절히 하지 못하는 것.

넷째, 음양이 오장에 합병하여 오장의 기운이 안정되지 못한 것.

다섯째, 용모까지 피폐하게 되어 약을 복용할 수 없는 것.

여섯째, 무당을 믿고 의원을 믿지 않는 것.

이 가운데 단 한 가지라도 해당되면 곧 병세가 악화되어 치료하기가 어렵게 된다.

편작의 명성은 온 천하에 알려졌다. 그가 한단에 들렸을 때 그곳에서는 부인들을 소중하게 여긴다는 말을 듣고 곧 부인과 의원이 되었다.

편작이 낙양에 들렀을 때에는 주나라 사람들이 노인들을 공경한다는 말을 듣고 곧 귓병, 눈병, 손발이 찬 병 등을 고치는 노인병 의원이 되었다.

그리고 함양에 들렀을 때에는 진나라 사람들이 아이들을 좋아한다는 말을 듣고 소아과 의원이 되었다.

이렇듯 편작은 각 지방의 풍습에 따라 전문의원의 역할을 달리했다.

진나라 태의령(의약, 치료를 맡아보는 관청의 우두머리) 이해는 자신의 의술이 편작만 못한 것을 시기하여 마침내 사람을 시켜 그를 죽였다.

그러나 현재까지 천하의 진맥 의술은 모두 편작에게서 유래된 것이다.

"여자는 아름답거나 추하거나 궁중에 있으면 질투를 받게 되고, 선비는 어질거나 모자라거나 조정에 들어가면 의심을 받는다. 편작은 훌륭한 의술로 인해 목숨을 잃었다"고 태사공이 한탄한 바 있다.

14. 풍환(馮驩)이 맹상군을 위해 의(義)를 사다

거지 풍환은 맹상군이 식객을 좋아한다는 소문을 듣고
맹상군을 찾아가 대면하기를 청하였다.
맹상군은 그 남루한 모습을 탓하지 않고 물었다.

"먼 길을 와줘서 고맙습니다. 그런데 귀공은 무엇을 이야기해 주
시렵니까?"

"선생님이 인재를 좋아한다는 말을 듣고 가난한 몸을 선생님께
맡기려 찾아왔습니다."

맹상군은 그의 몰골이 하도 우스워 별 재주는 없어 보였지만 그
래도 받아 주었다. 그리고 열흘이 지나자 관리인을 불러 물었다.

"그 손님은 어떻게 지내고 있나?"

"그 손님은 칼 한 자루를 가지고 있을 뿐입니다. 그것도 새끼도

자를 수 없는 볼품없는 것입니다. 그 칼을 손으로 두드리며 '장검아, 돌아가지 않겠느냐. 여기 식사엔 생선이 없구나' 라는 노래를 부르고 있습니다."

맹상군은 풍환을 2등 숙소로 옮겨주고 식사 때 생선을 넣어 주었다. 그리고 닷새 뒤에 다시 관리인에게 묻자 관리인은 이렇게 대답하였다.

맹상군은 풍환을 삼등 숙소로부터 이등 숙소로 옮겨주고 식사 때 생선을 넣어 주었다.

"여전히 칼을 두드리면서 '장검아, 돌아가지 않겠느냐. 외출을 하자니 수레가 없구나' 라는 노래를 부르고 있습니다."

맹상군은 그를 일등 숙소로 옮기고 수레를 내주었다. 닷새 뒤에 다시 관리를 불러 물었다. 관리가 대답했다.

"그 손님은 항상 칼을 두드리고 있습니다. 이번에는 '장검아, 돌아가지 않겠느냐, 이것으로는 집을 가질 수가 없구나' 라는 노래를 부르고 있습니다."

시간이 흘러 풍환이 맹상군을 찾아와 식객이 된 지도 1년이 지났다. 그런데도 풍환은 무엇 하나 건의하지를 않자 맹상군은 몹시 불쾌했다. 그 때 맹상군은 설나라 1만호의 영주였다. 그런데 영지에서 거둬들이는 조세로는 식객 3,000명을 도저히 대접할 수가 없었다. 그리하여 이자놀이 삼아 설나라 사람들에게 돈을 빌려 주었지만 1년이 지나도록 이자는커녕 원금 회수도 못하고 있었다.

하루는 관리인이 말하였다.

"지금 일등숙소에 있는 풍환은 어떻습니까? 이렇다 할 재능은 없는 것 같지만, 풍채가 크고 말도 잘해 대인의 품격이 있습니다. 이런 일을 하기에 적당한 인물이 아닐까 합니다."

맹상군은 관리인의 말을 따라 풍환을 불러 그 일을 맡겼다.

풍환은 맹상군의 부탁을 받들어 설나라로 갔다.

풍환은 도착하자마자 대출받은 사람들을 불러들였다. 전원이 모인 자리에서 이자 10만 전을 징수할 수 있었다. 그는 이 돈으로 살찐 소를 사고 술을 빚은 뒤에 다시 공고문을 써붙였다.

"이자를 낸 사람이나 내지 않은 사람을 막론하고 차용증서를 대조할 것이니 다시 한 번 모여라."

풍환은 그날 모두가 모인 자리에서 준비한 소를 잡고 술을 나누어 큰 잔치를 벌였다. 잔치가 한창일 때 풍환은 차용증서를 대조한 뒤에 하나하나 결제를 했다. 이자를 낼 수 있는 사람에게는 새로 원금 완제의 기일을 정해 주었다. 하지만 가난한 사람들에게는 아예 차용증서를 태워버려 빚을 없애 주었다. 그런 후에 그는 이렇게 말하였다.

"맹상군이 애당초 돈을 대부해 준 것은 가난한 영민의 생업 자금으로 유용하게 쓰도록 한 것이다. 그런데 거기에 이자를 붙인 것은 우리 식객을 위한 것이다. 지금 부유한 사람에겐 갚을 날짜를 다시 정하고, 가난한 사람에겐 빚을 탕감해 주는 조치를 취한 것도 바로 그런 뜻이다. 자아, 안심하고 마음껏 마시도록, 자비심 깊은 영주님을 만난 것에 대해 고맙게 생각하자."

그곳에 모인 사람들은 다 같이 머리를 숙여 맹상군의 덕에 감사하였다.

증서를 태워 버렸다는 소식을 들은 맹상군은 몹시 화를 냈다. 그리고 풍환을 소환하라고 명령했다.

풍환이 돌아오자 맹상군은 풍환을 나무랐다. 풍환은 이렇게 설명했다.

"먼저 채무자의 변제 능력을 확인하기 위해서는 전원을 한자리에 모으는 것이 필요하다고 생각했습니다. 잔치는 그것을 위해서 한 것이었습니다. 변제 능력이 있다고 인정되는 자에게는 기한을 약속했습니다. 그러나 변제 능력이 없는 자에게 10년을 독촉해 본들 그저 이자만 쌓일 뿐입니다. 그렇다고 무리하게 그들을 닦달해 받아내고자 한다면 도망을 쳐서 자기 손으로 증서를 찢은 것과 다름없습니다.

또 그 결과 영주는 이익을 탐하여 영민을 사랑하지 않는다고 할 것이고, 영주를 멀리하여 빚을 갚지 않을 것입니다. 이는 아래위로 동시에 오명을 남기게 되는 일입니다.

일이 그렇게 된다면 민심을 격려해서 군주의 이름을 드러내는 일은 못 될 것입니다. 저는 유명무실한 차용증서를 불태워 버림으로써 돈 주고 사기 힘든 은혜와 의리, 군주의 이름을 드높이려 했습니다."

그러자 맹상군은 무릎을 치며 풍환의 기지에 감탄하였다.

1년 후 맹상군이 새로 즉위한 제나라 민왕에게 미움을 사서 재상 직에서 물러나자 3,000여 명의 식객들은 모두 그의 곁을 떠났다.

그 때 풍환은 맹상군에게 감시 설에 가서 살 것을 권유했다. 맹상 군이 실의에 찬 몸을 이끌고 설에 나타나자 주민들이 환호하며 맞이했다.

맹상군이 설 땅에 가자 설 땅 백성들은 거리에 나와 영접을 했다.

맹상군이 풍환에게 말했다.

"선생이 전에 은혜와 의리를 샀다고 한 말의 뜻을 이제야 깨달았소."

"꾀 많은 토끼는 구멍을 세 개 뚫지요. 지금 경께서는 한 개의 굴을 뚫었을 뿐입니다. 따라서 아직 고침무우(高枕无憂)를 즐길 수는 없습니다."

풍환은 또 이렇게 말하였다.

"부디 수레 한 대만 빌려주시고 저를 진나라로 보내주십시오. 꼭 당신의 지위를 회복시키고 영지도 다시 되찾을 수 있도록 하겠습니다."

풍환은 진나라로 가서 왕을 만나 열변을 토했다.

"이제껏 천하의 유세객은 진나라 편에 서는 자와 제나라 편에 서는 자로 나뉘어 있었습니다. 자진해서 진나라로 찾아온 사람은 제나라 타도의 비책이 있었으며, 제나라를 찾은 자는 진나라를 멸할 큰 계획을 가슴에 안고 있었습니다. 진나라와 제나라는 천하의 강국으로 그 자웅을 겨루지 않으면 안 될 숙적인지도 모릅니다."

이 이야기를 들은 진나라 왕은 무릎을 꿇고 물었다.

"그러면 제나라에 뒤지지 않을 방법은 없겠는가?"

"제나라에서 맹상군이 파면된 사건을 알고 계십니까?"

"알고 있소."

"시초 제나라가 천하에 무제를 얻게 된 것은 맹상군이 있었기 때문입니다. 그런데 그는 중상으로 물러나게 되었습니다. 맹상군으로서는 제나라 왕에 대한 분노가 뼈에 사무쳐 있을 것입니다. 지금 진나라에서 그를 맞아들여야 합니다. 그렇게 되면 제나라의 내정을 알게 되며 결과적으로 제나라 공격에 성공한 거나 진배없습니다. 천하를 제압할 수 있는 절호의 기회입니다. 지체하지 말고 사자를 보내어 맹상군을 모셔오는 것이 좋을 것입니다. 제나라 왕이 또다시 맹상군을 등용하게 된다면 패권의 행방은 예측할 수 없게 됩니다."

진나라 왕은 바로 수레 10대와 황금 100일 은 24냥을 준비하고 맹상군을 초빙해 오기로 하였다.

풍환은 작별인사를 한 후 진나라 사자보다 먼저 돌아와서 제나라 왕을 만나러 갔다.

"마침내 천하 유세객들의 눈은 다같이 제나라와 진나라에 쏠리고 있으며, 자진해서 제나라를 찾아온 사람은 진나라 타도를 원하고 있고, 진나라를 선택한 자는 제나라를 멸할 방도를 세우고 있습니다. 제나라와 진나라는 지웅과 같아서 한쪽이 강해지면 한쪽은 약해지는 것이니 공존이 불가능합니다. 진나라 국력의 증가는 당연히 우리나라 국력의 저하를 가져오는 것입니다.

신이 듣기로는 진나라의 사자가 수레 10대에 황금 100일을 싣고 맹상군을 초빙하러 온다고 합니다. 맹상군이 사퇴한다면 문제는 없지만 만일 진나라의 재상이 되는 날이면 천하의 민심이 진나라로 집중될 테고, 그렇다면 우리나라는 그 밑에 들게 되는 형국입니다. 그렇게 되면 우리나라의 흥망이 언제까지나 지속 될 것 같습니까? 진나라 사자가 오기 전에 바로 맹상군을 설득해 납득시켜야 할 것입니다. 진나라의 음모를 분쇄하고 그 야망을 분쇄하는 데는 이 방법밖에 없습니다.”

“알았소.”

왕은 풍환의 정보를 확인하기 위해 국경으로 사람을 보냈다. 풍환의 말대로 진나라 사자가 오고 있다는 사실이 왕에게 보고되니 왕은 맹상군을 불러 재상의 지위에 복직시키고 옛 영지 외에 1,000호의 땅을 더 내렸다.

진나라 사자는 맹상군이 복직되었다는 소식을 듣고는 그대로 본국으로 돌아갔다.

맹상군이 재상으로 복직하자 풍환은 떠났던 식객들을 맞으려고 했다. 그 때 맹상군이 탄식하며 풍환에게 말하였다.

“나는 손님을 귀히 여겨서 그들의 대접에 소홀함이 없었소. 하지만 3천이나 되는 식객들은 내가 일단 지위를 잃자 나를 떠나 버렸소. 내 곁에 남은 자는 없었소. 다행히 선생님의 도움으로 지위를 다시 얻게 된 것인데, 그들이 무슨 낯으로 나를 만나려 하오? 만일 뻔뻔스럽게도 돌아오는 자가 있으면 그 얼굴에 침을 배알아 모욕을 주고 싶소."

그러자 풍환은 말에서 내려 머리를 숙였다. 맹상군은 수레에서 내려 답례하고 물었다.

"그대가 손님들을 대신해서 사과하는 거요?"

"아닙니다. 그저 오늘 하신 말씀이 잘못되었다고 생각되기 때문입니다. 모든 사물에는 필연의 도리가 있다는 것을 아시는지요?"

"어떤 것을 말하는 게요?"

"살아 있던 자가 죽는다는 것이 필연입니다. 마찬가지로 부귀한 몸만 되면 따르는 자가 많으며, 빈천한 자가 되면 교우도 적어진다는 것은 당연한 도리입니다. 시장을 왕래하는 사람들의 모습을 살펴보십시오. 아침에는 서로 다투어 문으로 들어가지만 해가 진 뒤에는 돌아보지도 않습니다. 그것은 저녁에는 시장에 상품이 없기 때문이고, 시장에 대한 어떤 좋고 싫음의 정이 있어서가 아닙니다."

식객들이 당신의 실각을 보며 떠나 버린 것도 그것과 같은 연유입니다. 다시 말해서 구하는 것이 없어졌기 때문입니다. 따라서 그들을 미워할 이유가 없습니다. 아무쪼록 그 전과 같이 그들을 대해 주십시오."

맹상군은 마음속 깊이 풍환에게 경의를 표하였다.

"삼가 그대의 말에 따르겠소. 그대의 의견은 진정 옳은 것이외다."

식객 수천을 거두었던 맹상군에게 몸을 의탁한 풍환이 일으킨 일들은 대범한 수완이라고 하지 않을 수가 없다.

이리하여 맹상군은 재상에 재임했던 수십 년 동안 별다른 화를 입지 않았다. 그리고 이것은 모두 풍환이 맹상군을 위해 세 가지 보금자리를 마련한 덕이다.

15. 미녀의 간계에 빠진 춘신군(春申君 기원전?~238년)

전국 말기 초나라 재상인 춘신군의 애첩이 임신한 채
시치미를 떼고 왕의 후(后)가 되어 태자(사실은 춘신군의 아들)를
낳은 지 5년이라는 세월이 흘렀다. 이대로 있다가는 고열왕이
죽고 나면 춘신군이 '초나라 왕의 생부'가 될 판이었다.

　　춘신군이 초나라 재상이 된지 25년째 되던 해 고열왕이 병으로
눕게 되었다. 춘신군의 빈객인 주영이 춘신군에게 이렇게 말하였
다.

　　"이 세상에는 뜻밖의 행운이 찾아오는가 하면, 터무니없는 불행
으로 화를 입게 되는 수도 있습니다. 이런 화와 행운이 언제 닥쳐
올지 모르는 세상에서 당신은 언제까지나 총애를 받는다는 보증도
없이 군주를 섬기고 계십니다. 하온즉 일단 무슨 일이 일어났다고
하면 그 위난을 구해 줄 인물이 필요하지 않겠습니까?" 그러자 춘

신군은 물었다.

"생각지도 않는 행운이란 무엇을 이야기하는가?"

"당신은 초나라 재상이 된 지 20여 년이 되었습니다. 이름은 재상이지만 사실은 초나라 왕이나 다를 바 없습니다. 지금 초나라 왕은 병이 들어 누워 있고 언제 승하하실지 모르는 상황입니다. 앞으로 당신은 이윤이나 주공처럼 어린 왕을 보좌하여 국정을 보살피

이원은 자게엔 예쁜 여동생이 있다고 하자 춘신군은 마음이 움직였다.

다가 왕이 성장한 뒤에 정권을 넘겨주느냐, 아니면 당신 자신이 군주가 되어 초나라를 다스리느냐의 두 가지 길이 있습니다. 이것이 제가 말씀드리는 뜻밖의 행운이라는 것입니다."

"그러면 불행이란 또 무엇을 말하는 것인가?"

"이원의 존재입니다. 그는 국정에 참여 못하는 것을 원망하고 당신을 죽이려고 그 기회만 엿보고 있습니다. 그 때문에 미리부터 자객을 양성하고 있습니다. 초나라 왕이 승하하시면 그 때가 바로 기회입니다. 이원은 먼저 궁중에 들어가 권력을 수중에 넣고 당신을 죽여서 비밀이 누설되지 않게 할 것이 틀림없습니다. 이것이 제가 말씀드리는 예기치 못한 불행이라는 것입니다."

"그럼 위난을 구해 줄 인물이란?"

"부디 저를 낭중에 임명해 주십시오. 왕이 승하하고 나면 이원은 제일 먼저 궁중에 들어가서 실권을 잡으려고 할 것입니다. 그리고 그 때 저는 당신을 위해 이원을 죽일 것입니다. 이것이 제가 말씀드린 위난을 구할 인물입니다."

"그것은 그대의 지나친 생각이야. 이원은 소견이 좁은 사내야. 나는 지금까지 그를 보살펴 왔어. 그런 짓을 할 리가 없지."

주영은 자신의 신언이 받아들여지지 않자 지기에게 화가 미칠 것이 두려워 결국 도망치고 말았다.

춘신군은 결단을 내릴 시기에 알맞은 주영의 진언을 듣지 않고 있다가
결국 이원의 자객에 의해 피살되고 말았다.

　　그로부터 17일이 지난 뒤 초나라의 고열왕이 서거했다. 그날 이
원은 궁중에 들어가 실권을 잡은 뒤에 극문 안에 자객을 잠복시켰
다. 춘신군이 극문을 들어서자 자객의 칼이 춘신군의 몸을 찔렀고
그의 잘린 목은 극문 앞으로 내던져졌다.

　　이렇게 하여 이원의 여동생이 낳은 아들이 왕위에 올랐다. 그가
바로 초나라의 유왕이다.

16. 육국(六國)의 재상이 된 소진
(蘇秦 기원전 332 ?~284년)

소진은 전국시대 역사상 전기적인 인물로서
무려 여섯 개 나라의 재상이 된 사람이다.
소진은 젊었을 때 제(齊)나라에 유학하여 귀곡(鬼谷)
선생에게서 유세술(遊說術)을 배웠다.

그 뒤 그는 여러 나라로 유세하러 떠났다. 수년간 돌아다녔으나 그의 유세에 설득되는 사람이 없어, 궁색한 형색으로 고향에 돌아오니 그의 형제자매들은 물론 자신의 아내까지도 소진을 비웃었다.

"백성은 일을 열심히 한다든가 장사를 열심히 하여 2할 정도를 손쉽게 벌 수 있는데, 당신은 유세를 한답시고 떠들고 돌아다니고만 있다. 그러니까 이런 꼴이 된 것도 당연하지 않은가?"

이런 말을 듣자 소진은 마음속에서 새로운 결심이 솟았다.

소진은 송곳으로 허벅지를 찔러가면서 열심히 독서를 했다.

일단 학문에 뜻을 두었다가 그것으로 영달을 얻지 못하면 사나이로서의 명분은 서지 않는다.

그 뒤부터 소진은 방 안에 틀어박혀 장서를 빼놓지 않고 차례로 읽었고 그러다보니 유난히 마음을 사로잡는 책이 있었다.

《주서(周書)의 음부(陰符)》 병서에 이끌린 것이다.

그렇게 1년이 지났다. 그는 《취마》라는 독특한 독심술(讀心術)을 터득하였다.

"이제는 이 비법으로 제후들을 설득할 수 있다."

이렇게 자신을 얻은 소진은 연나라로 향했다. 그러고는 1년쯤 뒤 가까스로 연나라의 문후(文侯)를 만났다.

"연나라는 동쪽으로 조선과 요동, 북쪽에는 임호와 누번, 서쪽은 운중과 구원, 남쪽은 호타, 연수라는 지세로서 그 영토는 사방 2천리에 이르고 있습니다. 연나라의 군비를 보면 병력이 수십만이나 되고 전차가 6백승(六百乘), 군마 6천 두를 보유하고 있으며 곡식은 수년치를 많이 준비하고 있습니다. 그런데다 남쪽으로는 갈석, 안문 등 비옥한 땅을 가지고 있고 북쪽은 대추와 밤의 산지인데 힘 안들이고도 많은 수확을 올릴 수가 있습니다. 이런 것을 두고 바로 천연의 보고라고 할 수 있습니다. 그리고 연나라를 둘러싼 정세를 보면 지금과 같은 싸움이 계속되는 시대에 다른 나라의 침략을 받지 않고 태평성대를 구가하고 있는 나라는 연나라뿐입니다. 왜냐하면 그것은 조(趙)나라가 연나라의 남쪽에 있으면서 그 방패가 되어주기 때문입니다. 다시 말씀드리자면 조나라와 진나라는 다섯 번 싸워 조나라가 세 번 이기고 진나라가 두 번 승리했습니다. 그 일로 이 두 나라는 다 같이 지쳐 있습니다. 하지만 폐하께서는 전 병력을 깨끗이 보존하고 있으면서 이 두 나라를 배후로부터 노려보고 있는 것입니다. 연나라가 침략을 받지 않는 이유는 그것입니다.

가령 진나라가 연나라를 공격한다고 가정해 봅시다. 진나라 군사는 운중과 구원을 넘어 대(代)와 상곡을 지나 수천 리의 길을 행군해 오지 않으면 안 됩니다. 어쩌다 한 때는 연나라의 도읍을 점령했다 하더라도 이것을 계속해서 수비할 묘책은 있을 수 없는 것입니다.

이런 점에서 보아도 진나라의 연나라 공격은 불가능합니다. 그리고 조나라가 연나라를 공격했을 경우는 어떻겠습니까? 전군에 출동명령을 내리기만 하면 열흘도 안 되어 수십만의 군대가 동원으로 집결할 것입니다. 호타, 역수를 건너 불과 4, 5일이면 연나라 서울로 올 수 있습니다. 이런 상태를 말하면 진나라는 천리 밖에서 싸우고 조나라는 백리 안에서 싸운다고 할 수 있지요. 백 리 안의 우환을 가볍게 생각하며 천리 밖을 중시한다면 그것은 어리석은 일입니다. 때문에 연나라는 조나라와 합종(合縱)하셔야 됩니다. 연나라와 조나라가 일체가 되어 진나라에 대항하면 연나라의 우환은 기필코 제거될 것입니다."

문후는 소진의 말에 고개를 끄덕이며 이렇게 말하였다.

"과연 그대의 말이 맞소. 하지만 우리나라는 다 아는 바와 같이 작은 나라로 서쪽으로는 조, 동쪽으로는 제, 이렇게 모두 강국과 접경하고 있소. 이 때 그대가 반드시 합종을 성공시켜 우리나라를 편안하게 해준다면 나는 온힘을 다해 그대의 말에 따르겠소."

소진이 금의환양하니 일가족 모두가 나와 그를 영접하고 있다.

그리하여 소진은 마차와 황금, 비단 등을 받아가지고 조나라를 설득하기 위해 길을 떠났다.

조나라로 간 소진은 조나라 왕을 만났다. 그는 여기서 연(燕), 조(趙), 한(韓), 위(魏), 제(齊), 초(楚)의 6국 동맹의 실리를 설파하여 동의를 얻었다. 그 때 바로 진(秦)나라가 위나라를 침략하고 또 동진(東進)하려는 기세였기 때문에 소진은 지금 조나라가 공격을 받으면 합종의 맹약이 성립되지 않을 것으로 보고 책략을 써서 친구인 장의를 진나라 왕의 고문으로 등용시켜 위기를 사전에 방지하였다.

소진은 조나라 다음으로 찾아간 한나라에서는 한나라 혜선왕을 설득했고, 뒤에 제나라 왕을 만나 설득한 뒤 다시 연왕에게 알현을 청했다.

"저는 하찮은 동주의 시골사람으로 왕께는 이렇다 할 공적도 올리지 못했습니다. 그런데도 왕께서는 저를 친히 알현하시고 제나라 사신으로 보내주셨습니다. 다행히 계획대로 제나라 군사를 철퇴시키고 빼앗긴 땅을 도로 찾아왔습니다. 이런 일을 하고 돌아왔으므로 한결 두터운 신임을 베풀어 주실 줄로 알았는데 돌아와보니 우대는 고사하고 옛 직위에 복직시켜 주시지도 않습니다. 이는 반드시 저를 신용할 수 없는 술책꾼으로 중상한 사람이 있었기 때문입니다. 하지만 제가 술책꾼이라면 오히려 왕께는 다행한 일입니다. 충의는 자기 자신을 위해서이며 진취는 남을 위해서라는 말이 있습니다.

제가 제나라 왕을 설복시킨 것은 결코 기만에 의한 것이 아니옵니다. 저는 늙은 어머니를 동주에 남겨 놓고 왔습니다만, 이것은 자신을 버리고 진취를 행하기 위해서입니다. 지금 어쩌다 증삼과 같이 부모에 효도하는 사람과 백이와 같은 청렴한 사람, 그리고 미생(未生)과 같은 순진한 인물이 있다고 생각하면 그리고 이 세 사람이 왕께 봉사한다면 어떻겠습니까?"

"그 이상 좋을 수가 없겠지."

소진은 이야기를 계속하였다.

"어떤 남자가 관리가 되어 먼 곳에 부임해 갔는데, 남편이 집에 없는 사이 그 아내는 다른 남자와 부정하게 되었습니다. 얼마 뒤 남편이 돌아온다는 소식이 왔습니다. 그러자 정을 통하던 남자가 불안해했습니다. 그 때 여자가 이렇게 말했습니다. 걱정할 것 없습니다. 돌아오면 독약을 넣은 술을 마시게 하겠습니다. 그 뒤 사흘 쯤 지나 남편이 돌아왔습니다. 아내는 즉시 하녀에게 명령하여 독약이 든 술을 남편에게 권하도록 했습니다. 그 하녀는 독주임을 알고 있었습니다. 하지만 그 비밀을 주인에게 알리면 마님은 쫓겨 나게 됩니다. 그렇다고해서 알리지 않으면 주인의 목숨이 위험합니다. 하녀는 고민한 끝에 일부러 넘어지며 술잔을 엎지르고 말았습니다. 주인이 화를 내며 그 하녀를 50회나 매질을 하였다고 합니다. 다시 말하여 넘어지며 술을 엎지른 하녀의 지혜가 주인의 목숨을 구하고 마님의 지위도 지켜준 것이지요. 이 이야기에서도 알 수 있듯이 충의나 신의를 다한다고 하여 죄를 받지 않는다고만 말할 수는 없습니다. 불행하게도 저의 경우가 이와 같은 경우가 아니겠습니까?"

이야기를 모두 듣고 난 왕은 이렇게 말하였다.

"잘 알았소. 부디 다시 한 번 전번의 관직으로 돌아가 일해주길 바라오."

그리하여 연나라 왕은 전보다도 더 소진을 크게 대우했다.

소진은 죽을 때 제나라 왕에게 이처럼 유언하였다.

"제가 죽거든 시체를 거열(형벌의 일종 車裂)에 처해 주십시오. 그리고 소진은 연나라에게 유리하도록 제나라에서 반란을 획책한 놈이라고 소문을 퍼뜨려 주십시오. 그렇게 하면 저를 습격한 범인도 반드시 잡을 수가 있을 것입니다."

소진의 유언대로 하자 결국 범인이 제 발로 나타났으며, 제나라 왕은 즉시 이 사나이를 잡아죽였다.

17. 현명하고 사리에 밝은 범려(范蠡 - 춘추말기)

범려는 월나라 왕 구천의 모사(謀士)로서 구천이 천하에 패왕이 될 수 있었던 것은 오직 범려의 공이었다.

범려는 남달리 돈을 모으는 재주가 있었다.

"전쟁을 하려면 군비만 갖추면 되지만, 장사를 할 때는 무엇이 필요할 것인지를 먼저 알고 물건을 사들여야 한다. 날이 가물면 그 다음에는 홍수가 날 것을 짐작하여 배를 사두고, 또 홍수가 났을 때에는 다음에 가뭄이 올 것을 알아서 미리 수레를 사두는 것이다. 곡식 값이 헐값이면 농군들이 울상이 되고 곡식 값이 비싸면 장사꾼들이 울상이다. 장사가 어려울 땐 돈이 잘 돌지 않으며, 농군들이 어려울 땐 생산이 안 된다. 그러므로 곡식 값을 비싸지도 헐하지도 않게 하면 돈도 잘 돌고 생산도 잘 되어 모두 살기 좋게 된다. 물건 값은 오를 대로 오르고 나면 다시 떨어지게 마련이고, 떨어질 대로 떨어지고 나면 다시 오르게 마련이다. 값이 올랐을 때는 썩은 물건을 팔 듯 팔아버리고 값이 떨어졌을 때는 구슬을 사듯이 사두면 돈 모으기가 쉽다."

범려는 재산도 모으고 상장군이 되어 나라 안에서 가장 존경을 받는 사람이 되었다. 그러나 지체가 높아지고 이름이 나면서부터 왠지 불안한 마음이 들기 시작했다.

"사람이 너무 유명해지면 다른 사람의 질투와 원한을 사기 마련이고 따라서 신상이 위험할 수도 있다. 게다가 구천은 고생은 같이 할 수 있어도 마음 편히 행복을 함께 할 수는 없는 사람이 아닌가…….

그래서 범려는 구천에게 작별의 뜻을 글로 써보냈다.

…….임금에게 걱정이 있으면 신하는 그 걱정을 덜어드리기 위해 애쓰고, 임금이 억울한 일이 있으면 신하는 그 억울함을 풀기 위해 목숨을 바친다고 들었습니다. 전날에 임금이 회계산에서 억울함을 당했을 때 신이 죽지 않고 살았던 것은 그 수모를 풀기 위해서였습니다. 그런데 지금은 그 억울함을 풀 수 있게 되었습니다. 전날 회계산에서 죽지 못한 죄를 벌해주시기 바랍니다…….

구천(와신상담).

　범려는 이제는 하는 수 없이 월나라를 떠나야겠다고 결심하고
값진 것만을 대강 추려 짐을 꾸린 다음, 밤중에 몰래 월나라 국경
을 넘어 제나라로 도망갔다.

　제나라에 온 범려는 월나라 대부 종에게 편지를 썼다. 종도 월나
라에서 범려와 함께 구천을 위해 고생을 했던 사람이었다. 그 편지
내용은 이러하다.

　……날짐승이 없어지면 활이 소용없게 되고, 토끼가 죽고 나면
사냥개를 잡아먹는다고 합니다. 월왕 구천은 목이 길고 입이 새의

부리같이 뾰족합니다. 이러한 상은 고생은 함께 할 수 있어도 즐거움은 같이 할 수가 없습니다. 그대도 속히 월나라를 떠나는 것이 안전할 것입니다……

종은 그날부터 병이 났다고 집에 누워 버렸다. 어떤 사람이 월왕 구천에게 '종은 반란을 일으키려 꾸미고 있다'며 종을 참소했다.

월왕 구천은 종에게 칼 한 자루를 내리면서 스스로 목숨을 끊으라고 했다. 범려의 예측대로 종은 결국 제 목숨을 보존하지 못했던 것이다.

제나라에 온 범려는 이름을 치이자피라고 고쳤다. 치이자피란 말가죽으로 만든 자루라는 뜻이다. 이 말가죽자루처럼 자유의 몸이 되었다는 뜻도 있고 자기와 좋은 적수였던 오나라의 오자서가 큰 공을 세우고도 나중에는 왕에게 버림받아 죽었고, 죽은 뒤에 말가죽자루에 넣어 양자강에 띄워졌던 일을 따 이름을 말가죽자루라고 부른 것이다. 범려 부자는 제자나라에서도 돈을 버는데 는 재주가 있어 얼마 지나지 않아 수천만금의 재산을 모았다. 이 소문을 들은 제나라 사람들은 범려를 제나라의 재상으로 앉히려고 하였다. 이 말을 듣고 범려는 탄식을 했다.

"집에 있어 천금을 모으고 벼슬에 나아가 재상이 되니 여기서 더 무엇이 있겠는가. 너무 오래 유명하고 보면 좋지 않은 법이다."

범려는 제나라에서 재상이 되라는 것을 마다하고 그 동안 모은 재물을 모두 아는 사람들과 고향사람들에게 나눠주었다.

범려는 월나라를 떠날 때와 같이 값진 물건만 챙겨 제나라를 떠나 당시 교통과 상업의 중심지 도(陶산동성)로 가서 도주공이라 칭하고 상업에 종사해 다시 거부가 되었다.

범려의 큰아들이 둘째동생의 시체를 가지고 와서 울면서 아버지에게 빈다.

범려는 장사를 함에 있어 결코 상대에게 손해를 끼치는 일은 하지 않았다. 그리고 장사해서 번 돈은 가난한 벗과 형제들에게 나누어 주었다. 그리하여 후세에 부자이야기를 할 때면 모두들 도주공을 제일 먼저 이야기했다.

18. 교육에 전념한 교육자 공자
(孔子 기원전 551~479년)

공자는 춘추시대의 노(魯)나라 사람이다. 그는 젊었을 때부터
6예(六藝- 禮, 樂, 射, 御, 書, 數)에 정통하여 30세도
안되어 그의 명성은 전국과 각 제후국에 널리 알려져
수많은 사람들이 그를 스승으로 모셨다.

공자는 노나라를 떠난 지 14년 만에 자기가 태어난 고향 노나라
로 돌아와 벼슬하려는 생각을 접고 오로지 제자들의 교육에 전념
하였다.

훗날 공자는 이렇게 말하였다.

"내 제자로서 학업에 힘쓰고 6예에 통달한 자는 72명인데 이들
은 모두 뛰어난 재능을 가졌다. 그 중 도덕을 실천함에는 안회, 민
자건, 염백우, 중궁 네 사람이고, 정치적 수완이 뛰어난 이로는 염
유와 자로요, 변설에는 재아와 자공이다. 또한 문학에는 자유와 자

하가 뛰어나다. 하지만 그 반면에 제각기 결점도 있어 자로는 덜렁대는 점이 있고 또한 문학에 열중인 안회는 가난하여 끼니조차 떨어지는 형편이며, 그 반대로 자공은 천명을 감수하려 하지 않고 의식(衣食) 따위에 손을 대는 데 재주가 있어 예상이 잘 적중한다."

공자의 제자 중 공자와 제일 가깝고 스승의 정신적 지주가 되었던 이는 수재로 알려진 안회와 자로였다. 안회는 노나라 출신으로 공자보다 서른 살이나 손아래였지만 공자가 가장 아끼고 사랑했던 제자였다. 학문과 덕이 특히 높아서 공자도 그를 가리켜 학문을 좋

공자 문하 제자들.

아하는 사람이라고 칭송했다. 또 가난한 살림에도 불구하고 도(道)를 즐긴 것을 칭찬하였다.

안회가 인(仁)의 실천에 대해 물었을 때 공자는 이렇게 대답하였다.

"자신의 욕망을 누르고 분수를 지키는 일이다. 누구든지 그렇게 할 수 있다면 이상적인 인의 사회가 나타날 것이다."

공자는 안회에 대해 이렇게 말한 적이 있다.

"그는 훌륭한 사람이다. 끼니는 밥 한 그릇에 국 한 그릇으로 만족해하고 잠은 뒷골목 오막살이에서 잔다. 보통사람이면 불평도 하련만 그는 도를 닦는 즐거움에 완전히 빠져 있다. 어떨 때는 그가 바보가 아닌가 싶은 생각이 들 때도 있다. 그러나 평소의 생활 태도를 주시해보면 수시로 반짝 빛나는 것이 보인다. 안회가 국사에 등용되면 전력을 기울일 것이고 그의 뜻이 무시당한다 해도 태연히 은자로서 살고 있을 것이다. 이 같은 행동을 할 수 있는 사람은 그 외에 나 정도일 것이다."

안회는 무척이나 가난하여 끼니도 제대로 잇지 못하여 스물아홉 살에 머리가 하얗게 세었고 서른 두 살의 나이에 세상을 떠났다.

이 때 공자는 큰 소리로 울면서 탄식했다.

공자가 제자들에게 인(仁)을 설명하고 있다.

"안회가 입문하고 난 후로 제자들이 나와 한결 가까워졌는
데……"

그 후 한 장로가 "선생의 제자 가운데에서 진정 학문을 좋아한
사람은 누구입니까?"하고 물었을 때 공자는 망설이지 않고 대답
하였다.

"물론 안회입니다. 그는 학문만을 마음에 두고 있었습니다. 자기
감정에 치우쳐 남에게 불쾌감을 주는 일도 없었고, 같은 잘못을 두

번 다시 되풀이하는 일도 없었습니다. 그러나 불행하게도 생을 일찍 마감했습니다. 그 후로 그만한 인물이 나타나지 않았습니다."

공자가 안회에 대해 이토록 깊이 애정을 느낀 것은 안회가 즐기던 은자의 생활을 평소 부러워했기 때문이다. 공자는 이상을 향해 한결같이 매진하면서도 그 이상이 너무 높았기 때문에 번번이 은자의 유혹에 끌렸던 것이다.

공자에게는 또 아홉 살 손아래인 제자 자로가 있었다. 그도 노나라 태생이었다.

자로는 강직한 성품이기는 했으나 성질이 거칠고 완력을 휘두르기 좋아했다. 수탉을 어깨에 태우고 수퇘지를 옆구리에 끼고 공자가 있는 데로 사납게 뛰어든 일도 있었다.

하지만 공자는 예(禮)로써 자로를 이끌었으므로 자로도 차차 감화를 받았다.

자로가 정치의 요체란 무엇인가 묻자 공자는 "항상 국민의 선두에서면 국민에 대한 위로를 잊지 말아야 한다"라고 말하였다.

"그렇게 간단한가요?"

"지금 말한 것을 방심하지 말고 실천하라. 싫증을 내서는 안 된다."

자로는 때때로 공자에게 반문하여 반대로 공자를 궁지에 모는 일도 있었다.

"군자라면 용기도 필요하겠지요."

"용기보다는 의(義)가 더 필요하다. 용기를 존중하는 나머지 의를 잊으면 군자는 나라를 혼란에 빠트리게 된다. 소인은 도적이 되는 법이다."

자로는 한 가르침을 들으면 어떻게든 그것을 실천하려고 애썼다. 공자는 자로에게 이런 비평을 한 적이 있다.

공자는 언제나 자로에게
예를 가르치고 있었다.

"자로라면 재판관이 되더라도 한쪽의 말만 듣고도 판결을 내릴 것이다. 그는 그처럼 과단성이 있는 남자이다. 용기 있는 점에서 발군이며 이 점은 나도 자로를 당할 수 없다. 다만 애석하게도 그는 사려와 분별력이 없다. 이대로 가다가는 천수를 다할 수 있을지 걱정이다. 그렇지만 그라면 남루한 옷을 걸치고 귀인과 대면하는 일이 있더라도 기죽지 않고 당당하게 행동할 수 있을 것이며 풍족하다고는 할 수 없어도 이미 군자의 경지에 도달했노라."

자로가 공자의 제자가 된 뒤 세상 사람들은 자로의 무용을 겁내 공자를 욕하지 못했다. 그러나 공자는 스승에 대한 비판을 폭력을 써서라도 봉해 버리려고 했던 자로의 진심을 알았지만 이 점을 더욱 애석하게 생각하였다.

변설이 뛰어났던 자공이 공자가 병이 깊다는 소식에 위문을 갔다.

공자는 지팡이에 몸을 의지한 채 문 근처를 거닐고 있었다.

공자는 자공을 보자 "너무 늦게 오는구나." 이렇게 말하면서 깊은 한숨을 내쉬었다. 그리고는 어두운 빛으로 이처럼 노래를 불렀다.

태산이 무너지는가

기둥이 부러지는가

철인은 시드는가

공자가 노래하는 동안 눈물이 흘러내렸다.

"천하의 도가 상실된 지 오래고 나를 따라오는 이도 없다. 나는 어젯밤 안방 기둥 사이에 앉아 재물을 받고 있는 꿈을 꾸었다. 이 것은 은나라의 습관이고 하나라나 주나라에서는 이와 다르다. 그런데 내 조상은 은나라 사람이다."

이런 말을 한 지 7일 뒤 공자는 세상을 떠났다. 그 때 그의 나이 73살이었다.

공자석상

공자는 노나라 도성 북쪽 사수에 묻히고 제자들은 똑같이 3년의 심상(心喪)을 치렀다. 그들은 상을 다 치르자 스승의 영전에 모여 곡하며 슬픔을 달래었다. 그리고 모두 헤어졌지만 자공만은 떠나지 않고 그대로 남았다.

자공은 공자의 무덤 옆에 오두막집을 짓고 3년을 더 복상하였다.

그 후로 공자의 무덤을 대대로 지켰으며 매년 제례를 거행하였다. 공자의 묘지 넓이는 100묘(墓)인데 본래 있던 제자들의 건물은 나중에 묘당이 되어

공자의 제자들.

공자의 옷, 갓, 거문고, 수레, 서적 등을 진열해 두었다. 그리고 이
것은 한대(漢代)로부터 오늘에 이르기까지 보존되고 있다. (여기의 오
늘은 사마천이 살았던 시대)

한고조는 노나라에 들렀을 때 공자의 무덤에 소를 통째로 바치
고 제사를 지냈다.

한무제 때 유교가 국교로서의 권위를 확립해 가면서 공자는 성
인 이상으로 신격화되어 유자들에게 받들어졌다. 그 뒤 2,000년의
긴 세월에 걸쳐 공자는 문(文)의 총수로 그의 철학은 동아시아 전
문명권에 깊은 영향을 끼쳤다.

19. 자기를 알아 주는 자를 위해서 죽은 예양(豫讓)

예양은 기원전 5세기경 진나라 사람이다.
한때 예양은 지백을 섬겼으며 지백은 그를 매우 아꼈다.

지백과 싸움에서 이긴 조양자는 지백의 후손까지도 모조리 죽이고 그의 땅을 셋으로 나누어 가졌다. 그는 그래도 분이 풀리지 않아 지백의 두개골에 옻칠을 하여 요강으로 썼다.

예양은 산 속으로 도망가서 탄식했다.

"아, 무사는 자기를 알아 주는 사람을 위해서 죽고, 여자는 자기를 기쁘게 해주는 사람을 위해 단장한다고 한다. 나를 인정해 준 것은 지백뿐이었으니 그 은혜를 갚지 않고서야 무슨 면목으로 저 세상에 가서 지백을 뵈올 수가 있겠는가."

예양은 이름도 바꾸고 죄인들 틈에 끼어 궁중에서 일하게 되었다. 품 속에 칼을 품고는 변소의 벽을 바르는 일에 열중하면서 몰래 조양자를 죽일 기회만 노리고 있었다.

조양자가 변소에 올 때마다 예양은 가슴이 두근거려 눈에 띄게 당황해 했다. 수상히 여긴 양자가 그 일꾼을 잡고 보니 예양이다. 더구나 그의 품 속에서 비수가 나왔다. 지백의 원수를 갚자는 것이

예양은 조양자를 만나기만 하면 그를 죽이려고 했다.

라고 한다. 좌우에 있는 사람들이 그를 죽이려고 했다. 하지만 양자는 만류하였다.

"그만둬라. 그는 의인(義人)이다. 지백이 죽고 자손도 남아 있지 않는데도 끝까지 의리를 지키려고 하는 천하의 현인이다. 내가 조심하면 되지 않느냐."

그 뒤 예양은 온몸에 옻칠을 한 뒤 문둥병자로 가장했으며, 숯을 먹고 목소리를 바꾸어 아주 딴 사람으로 변했다. 이렇게 변장한 그는 거리에서 걸식을 하며 다녔는데 아내까지도 그를 알아보지 못했다고 한다.

친구 집에 구걸을 하러 갔을 적에는 친구가 '아니 예양이 아닌가' 하고 묻자 예양은 '그렇다'고 대답하였다.

친구는 예양의 손을 잡고 이렇게 말하였다.

"자네처럼 재능이 있는 사람이 예를 가지고 양자를 섬기면 꼭 자네를 가까이 할 것일세. 그런 다음 행동에 옮기면 보다 쉽게 목적을 달성할 수도 있지 않겠는가? 몸가짐을 바꾸고 원수를 갚는 것도 물론 좋지만, 그것은 도리어 고생만 될 뿐이 아니겠는가?"

"아니다. 신하의 예를 갖추면서 그의 목을 노리는 것이 처음부터 두 마음을 품는 일이 된다. 내가 하는 방법으로는 본래의 뜻을 이루기가 어려울 것이다. 하지만 그것을 알면서도 하지 않을 수 없는 것은 뒷날 두 마음을 품고 주인을 섬기려는 자를 반성시키고 싶기 때문이다."

예양은 그렇게 말하고 가버렸다.

얼마 뒤의 일이다.

어느날 조양자가 외출할 때 예양은 그가 지나가는 길의 다리 아래 숨어 있었다. 양자가 다리에 이르렀을 때 양자의 말이 놀라 뛰었다.

"혹시 예양이 아닐까……?"

붙잡고 보니 과연 예양이었다.

"너는 이전에 범씨와 중행씨를 섬기지 않았느냐? 이 양가는 지백에게 멸망되었는데 넌 그 원수를 갚지 않았을 뿐만 아니라 신념도 없이 신하의 예를 갖추어 지백을 섬겼다. 그 지백도 벌써 죽었다. 도대체 무엇 때문에 지백만을 위해 목숨을 걸고 원수를 갚으려 하는 것이냐?"

이 말을 듣고 예양은 이렇게 대답하였다.

"내가 이전에 범씨와 중행씨를 섬긴 일은 있으나 평범한 대우를 받은 것에 불과했소. 그래서 난 보통으로 그들을 대해왔소. 하지만 지백은 다르오. 그는 나를 국사로 인정해 주었기에 나도 국사로서 보답하려는 것이오."

양자는 눈물을 글썽이며 이렇게 탄식했다.

"예양이여. 그것만으로도 지백에 대한 명분은 섰다. 나도 너를 용서할 만큼 했다. 하지만 이번만은 그대로 보아넘길 수가 없다. 각오하라."

예양은 조양자의 의복을 베는 것으로 지백에게 보답하였다.

병사들이 예양을 둘러쌌다. 이 때 예양이 부탁했다.

"명군(名君)은 사람의 의거를 방해하지 않고, 충신은 이름을 위해 죽음도 사양치 않는다고 했소. 그대는 전에 나를 용서해 주었소. 때문에 세상 사람들은 다 같이 그대를 칭찬하고 있소. 이제는 나도 웃으며 죽겠소. 다만 그 전에 그대의 의복을 얻어 그것이라도 베고 심적으로나마 복수의 마음을 청산할 수 있다면, 죽은 뒤에도 여한은 없겠소. 들어주리라고는 생각지 않지만 그저 생각만을 말한 것뿐이외다."

조양자는 그 의기에 감탄하고 부하에게 명령하여 의복을 예양에게 주었다.

예양은 칼을 뽑아 세 번을 뛰어오르며 베었다.

"나는 이것으로 죽은 지백에게 보답하고 죽으련다."

이렇게 말하고 스스로 칼에 엎어져 죽었다.

이날 조나라의 지사들은 이 말을 듣고 모두 눈물을 흘렸다.

태사공의 말:

"지백은 권력욕이 강하고 악명 높은 사나이였는데, 그런 인물을 위하여 예양이 일부러 원수를 갚으려 한 것은 오로지 '지백이 자기를 인정해 주었다' 는 움직일 수 없는 사실이 동기가 되었다."

20. 도가의 시조 노자
(老子 기원전 580?~500년)

도가(道家)의 시조인 노자는 초나라 사람이다.
노자의 성은 이(李)이고 이름은 이(耳)다. 그는 주(周)나라의
수장실(守藏室) 사관으로 있다가 주나라가 쇠락해지자
벼슬을 버리고 은퇴했으며, 그의 저서로는 오천여 개의
어록으로 된 노자(老子)가 있다.

노자가 주나라에 머물러 있을 때 공자가 주나라에 가서 예에 대
해 묻자 노자는 이렇게 말했다.

"그대가 말하는 옛 성인들은 이미 뼈다귀까지 다 썩어 버리고 오
직 그들의 말만이 남았을 뿐이다. 군자가 때를 얻으면 수레를 타게
되지만, 때를 얻지 못하면 떠돌아다니게 마련이다. 훌륭한 장사꾼
은 물건을 깊이 감추어 두어 겉으로는 초라하게 보이고, 군자(君子)
는 넉넉한 덕을 지녔으면서도 그 겉모습이 어리석게 보인다고 들
었다."

노자의 청우(靑牛)도.

그대는 교만, 욕심, 태도를 꾸미는 일 따위를 버려야 한다. 이런 것들은 그대에게 아무런 보탬이 되지 않는다. 내가 그대에게 할 말은 이것뿐이다."

공자는 돌아가서 자기 제자들에게 이런 말을 하였다.

"나는 새가 날고 고기가 헤엄치고 짐승이 달린다는 정도는 알고 있다. 달리는 것은 그물을 쳐서 잡을 수 있고, 헤엄치는 것은 낚시로 낚으며 나는 것은 화살을 쏘아 잡으면 된다. 그러나 용은 바람과 구름을 타고 하늘을 오른다고 한다. 따라서 나도 그 실체를 알지 못한다. 내가 노자를 만났거니와 그는 한마디로 용 같은 사람이다."

노자는 도를 닦고 덕을 쌓았으나 이름을 세상에 드러내지 않으려고 애썼다. 그는 오랫동안 주나라에 살다가 주나라의 도덕이 땅에 떨어져 쇠퇴하는 것을 보고 마침내 주나라를 떠나고야 말았다.

노자가 함곡관(중국 하남성 관문)에 이르자 그곳을 지키는 윤희라는 사람이 간청해 나섰다.

"선생님께서는 이제 어디엔가 숨으시려고 하시는데 저를 위해 가르침을 주시옵소서."

윤희의 간청을 받아들인 노자는 《도덕경》 상하편을 지어 도와 덕의 뜻을 말하고 그곳을 떠났다. 그 뒤 노자의 행방을 아는 사람은 아무도 없었다.

어떤 사람은 "노자는 초나라 사람이다. 책 15권을 지어 도가의 뜻을 밝혔으며 공자와 같은 시대의 사람이다"라고 말했다.

노자는 160세를 살았다고 하고, 200여 세를 살았다고도 말하는 사람이 있다. 공자가 죽은 뒤 119년이 되는 해에 주나라 태자 담이 진나라 헌공을 만나서 말한 기록을 보면 아래와 같다.

"처음에는 진나라가 주나라와 합했다가 5백 년 만에 갈라지고, 또 7백 년 뒤에 패왕이 나타날 겁니다."

어떤 사람은 이 담이 노자라고도 말했다.

노자는 숨어 살았던 군자이지만 그의 후손들은 위나라, 한나라, 제나라 등에서 벼슬을 하였다.

세상에서 노자의 학문을 배우는 사람들은 유학을 배척하고, 유학을 배우는 이들은 노자를 배척한다.

"길이 같지 않으면 서로 꾀하는 일도 같이 하지 않는다"는 말은 아마 이 경우를 뜻하는 것 같다.

노자는 아무것도 한 일이 없지만 백성들 스스로가 노자를 본받았고, 노자는 맑고 고요하게 있었지만 백성들은 스스로가 올바른 길로 들어섰다.

노자는 모든 일에 꾸밈이 없었지만 백성들이 저절로 깨닫게 하여 맑고 깨끗한 가운데 올바른 행동을 하게 했던 것이다.

노자의 사상을 이어받은 장자는 학문이 매우 넓어서 어느 분야이건 엿보지 않은 것이 없다. 하지만 그의 학문은 노자의 말에서 시작되어 노자의 말로 끝을 맺었다. 장자는 10여만 자나 되는 책을 지어 공자의 무리를 비판하고 노자의 가르침을 밝혔다.

초나라 위왕은 장자가 현명하다는 소문을 듣고 사자를 보내어 재상이 되어 줄 것을 부탁하였다.

장자는 웃으면서 초나라 사신에게 이렇게 말하였다.

"돈은 매우 귀중한 것이고 재상은 아주 높은 벼슬이다. 하지만 난 싫다. 그대는 큰 제사에 희생물로 바치는 소를 보았을 것이다. 몇 년 동안 편히 먹이고 잘 길러지지만 결국은 제사의 제물로 바쳐지지 않는가? 그 때가 되어 소가 하찮은 돼지를 부러워해 보아야 무슨 소용이 있는가? 그대는 나를 욕되게 하지 말고 돌아가라! 나는 차라리 시궁창 속에서 즐겁게 놀며 살지언정 임금에게 얽매이기는 싫다. 죽을 때까지 내 뜻대로 살 것이며 벼슬은 절대로 하지 않겠다."

장자의 이 같은 호방하고 자유분방한 성격은 어쩌면 노자의 성격과 같다고 하지 않을 수 없다.

장자의 휴식.

21. 법치주의자 한비자
(韓非子 기원전 280~233년)

한비자는 전국(戰國) 말기의 저명한 철학가,
법가 사상을 집대성한 사람이다. 그의 저서로는
《한비자》가 있다.

한비자는 신하의 몸이면서 군주의 입장에 서서 철저한 신하 통솔법을 엮어냈고, 한편으로는 신하로서의 군주에 대응하는 방법도 확립하였다.

한비자는 전국(戰國) 말기의 저명한 철학가, 법가 사상을 집대성한 사람이다. 그의 저서로는《한비자》가 있다.

한비자는 신하의 몸이면서 군주의 입장에 서서 철저한 신하 통솔법을 엮어냈고, 한편으로는 신하로서의 군주에 대응하는 방법도 확립하였다.

한비자는 《설난편說難篇》에서 다음과 같이 말하고 있다.

"진언(進言)이란 참으로 어렵다. 그것은 진언하는 자가 충분한 지식을 터득하고 있어야 하는 어려움이 아니며, 자신의 의견을 입으로 표현하는 어려움도 아니다. 또한 말하고 싶은 것을 거리낌없이 서슴지 않고 말하는 용기를 갖는 어려움도 아니다.

진언의 어려움이란 상대방의 마음을 간파한 뒤에 이쪽의 의견을 거기에 맞춰야 하는 그런 어려움이다.

가령 상대방이 명성을 얻고 싶어 하는 군주라고 치자. 상대방을 향해 이렇게 하면 큰 이익이 있을 것이라고 설득하면 비천한 자에게 멸시당했다고 상대도 해주지 않을 것이며, 반대로 이익만을 추구하는 군주에게 명성을 얻는 마음가짐을 설득한다면 세상을 모르는 어리석은자라고 경원당할 것은 뻔하다.

실제로 이익을 추구하면서 표면상으로는 명군인 척하는 군주를 상대로 한다면 어떨까? 이 상대를 향해 명군의 마음가짐을 설득한 경우 형식상으로는 통용될지 모르지만 실제로는 배척을 받는다. 이익을 얻는 법을 설득한 경우에는 의견만 도둑맞고 그 뒤로는 외면당할 것이다. 진언을 하려면 이 정도는 알고 있어야 한다."

한비자는 진언하는 자에게 또한 이렇게 충고하였다.

"계획은 비밀리에 진행함으로서 이루어지는 것이고, 따라서 도중에 외부로 누설되면 실패한다. 설령 그것을 누설할 생각이 없더라도 우연히 군주가 남몰래 계획하고 있는 일에 저촉되면 진언하는 사람까지 일신이 위태롭다. 한편 군주에게 과오가 있을 때 그것이 없었던 예를 인용하여 군주의 과오를 폭로하면 진언(眞言)하는 사람의 일신마저 위태로워진다.

출사한 지 얼마 안 되고 또 자기가 신임을 받지 못하고 있는데, 자신의 지식을 모조리 보여주면, 설령 자기가 말한 계획이 성공하

한비자.

여 공적을 올리더라도 포상을 받지 못한다. 어쩌다 계획이 실패하면 오히려 엉뚱한 의심을 받아 진언(眞言)하는 사람의 일신이 위태롭게 된다.

군주가 누군가의 말을 들어 계획을 세우고 그 공적을 독점하고 싶어 한다고 하자. 그런데 진언자가 그 속뜻까지도 알고 있다면 역시 진언하는 자의 신변이 위태로워진다.

상대방이 표면상으로는 무엇인가는 일을 이 또한 하고 있는 것처럼 가장한 뒤 실은 이면에서 전혀 다른 일을 하고 있다고 하자.

이 때 그 이면까지 간파해 버리면 이 또한 진언하는 사람의 일신이 위태롭다.

또 아무래도 하고 싶지 않은 일을 강요하거나 물러설래야 물러설 수 없는 일을 중지시키려고 진언하면 이 또한 진언하는 사람의 일신이 위태롭다.

군주는 인격자를 화제에 올리면 자신을 비꼬고 있다고 생각하고, 쓸모 없는 인간의 이야기를 하면 무엇인가 선동하는 줄 알고 경계한다.

총애하는 자를 칭찬하면 자신에게 아부하려는 수단이 아닌가 의심하고, 마음에 들지 않는 자를 나쁘게 이야기하면 자신의 생각을 시험하고 있는 것이 아닌가 하고 신경을 쓴다.

간추려서 이야기해 주면 자세하게 모르는 인간이라고 여겨 상대하지 않으며, 길게 말하면 요령이 없는 인간이라고 귀찮아한다.

말을 아껴 대의만을 말하면 이야기도 할 줄 모르는 꽁생원이라고 깔보고, 계획만을 세워 크게 의견을 제시하면 겸양심이 없으며 예의도 모르는 자라고 경멸한다.

이러한 것들이 진언의 어려움이다.

그러면 군주에게 진언하는 기술에서 알아야 할 것은 무엇인가? 상대방이 중요시하고 있는 것은 얼마든지 취하고, 싫어하고 있는 것은 절대로 입밖에 내지 않는다. 이 요령이 가장 중요하다.

자기의 계략이 최선책이라고 자랑하고 있는 상대방에게는 그 계략이 실패할 것 같다고 말하여 상대방을 궁지에 몰아넣어서는 안 된다. 결단을 잘 한다고 만족하고 있는 상대방에게는 그 결단에 시비를 걸거나 노하게 해서는 안 된다. 자신의 능력에 자신이 있는 상대방에게는 그 능력의 부족함을 들어 자신을 잃게 해서는 안 된다.

상대방의 행위를 비판할 때에는 공통점이 있는 다른 예를 들어 상대방의 생각을 건드리지 않도록 주의한다.

반대로 칭찬할 때도 다른 사람의 같은 행위를 예로 들며 자연스럽게 추켜세운다.

실패하여 의기소침해 있는 군주에게는 다른 예를 증거로 실패가 아님을 알려 용기를 낼 수 있도록 해줘야 한다.

이와 같이 상대방에게 간언할 때는 거스르지 않도록 하고, 타이를 때도 자극을 주지 않도록 한다. 그렇게 한 뒤에 지혜를 짜내어 설득을 하는 것이다. 그러면 상대방은 의심하지 않고 이쪽으로 접견하게 되며, 따라서 이쪽은 자신의 생각을 충분히 다 말할 수 있게 된다.

오래 봉사하여 믿음이 두터워지면 비밀스러운 일에까지 개입하여 진언을 해도 의심받지 않고, 의견에 반론을 펴도 처벌을 받는 일이 없다. 이해를 정확히 지적하여 성과를 올릴 수가 있으며, 시비를 단도직입적으로 판결함으로써 이편의 명예를 높일 수가 있다. 이리하여 상대방 편도 이익을 얻게 되면 진언은 완전히 성공이다.

옛날 이윤이(은나라 재상) 요리사로 가장한 것도, 백리해가 노예로 몸을 떨어뜨린 것도 모두 군주에게 접근하기 위해서였다. 이 두 사람은 성인이었음에도 불구하고 천한 일에 종사하며 살았으니 진언하는 사람이 자신을 낮추었다고 하여 수치로 생각할 필요는 없다.

용이라는 동물은 길들이면 사람이 탈 수 있을 정도로 순하다. 그런데 목덜미 밑에 직경 한 자나 되는 비늘이 거꾸로 나 있다. 이것을 건드리면 당장 물려 죽게 된다. 군주에게도 또한 이런 〈역린(逆鱗)〉이 있다. 여기에 거스르지 않도록 진언할 수 있다면 훌륭하다고 할 수 있다.

통일 후 시황제가 된 정은 한비자의 《고분孤憤》과 《오두》 두 편을 읽고 "이것을 쓴 사람을 만날 수 있다면 죽어도 여한이 없겠다"라고 감탄하였다.

이에 이사는 "그것을 쓴 사람은 한나라 한비자라는 사람입니다."라며 시황제에게 "한비자를 얻고 싶으면 한나라를 공격하십시오. 그러면 반드시 한비자를 사신으로 보내올 것입니다."라고 건의하였다.

진은 한을 공격했고 한왕은 한비자를 진에 협상자로서 파견했다. 시황제는 한비자를 보고 매우 기뻐하며 그에게 높은 지위를 주려고 했다. 진의 승상이자 이전에 한비자와 같은 스승 밑에서 공부한 이사는 한비자가 자신보다 훨씬 뛰어났음을 알기에 시황제의 총애를 잃을까 두려워 한비자가 이중인격자라고 모함하였다.

"한비자는 누가 무어라 해도 한나라 공자입니다. 그는 한나라를 생각하며 진을 위해서는 전력하지 않을 것이옵니다. 그것은 인지상정입니다. 그렇다고 하여 오랫동안 우리나라에 두었다기 그대로 돌려보내면 뒷날 화근이 있을 수도 있습니다. 지금 바로 법에 비추

한비자의 《한비자 韓非子》.

어 엄벌에 처해야 합니다."

시황제가 이 말에 마음이 움직여 한비자를 옥에 가두자 이사는 바로 옥중으로 독약을 보내어 자살할 것을 강권했다. 한비자는 시황제를 만나 변명하려 했으나 허용되지를 않았다. 얼마 후 시황제는 생각을 바꿔 한비자를 사면하려고 했지만 이미 늦어 한비자는 세상을 떠나고 없었다.

한비자는 남을 설득하는 것이 참으로 어렵다는 것을 알고 《설난편》을 지어 매우 자세하게 설득하여 그 어려움을 언급했다. 그러나 결국 그는 자신도 스스로 그가 말한 위험에서 벗어나지를 못했다.

"창과 방패"란 모순을 써서 멋지게 진시황제의 인정을 받았으나, 그 훌륭한 창과 방패 때문에 그는 결국 목숨을 잃은 것이다.

22. 중국 역사상 최초의 황제 진시황
(秦始皇 기원전 259~210년)

진시황은 중국 역사상 최초로 전국을 통일하여
중앙집권봉건국가를 건립하였다. 자신의 업적을
알리기 위해 그는 전설적인 지배자의 칭호를 취해서
자신을 시황제(始皇帝)라고 선언하였다.

황제로서 그는 중앙집권화를 확립하기 위한 개혁을 단행하여 지방 관리들의 독립된 통치구역이 생기지 않도록 하였다. 전국을 36개 군, 현으로 나누고 중앙에서 임명한 수(守행정), 위(尉군사), 감(監감찰)을 파견하여 각 군·현을 통치하게 했다. 또한 도량형을 비롯하여 마차바퀴의 폭과 법률, 문자를 통일했다. 그밖에 도로와 운하망도 건립하기 시작했으며, 북방변경에는 흉노족의 침입을 막기 위한 요새가 세워졌는데, 훗날 그것들이 연결되어 만리장성을 형성하게 되었다. 한편 분서갱유를 통해 자유로운 학풍을 억제하여 모든 지식은 국가가 관할하도록 하였다. 이러한 조치는 후세의 정치, 경제, 문화에 막대한 영향을 미쳤다.

천하 제1인자가 된 진시황은 인간 이상의 존재가 되는 것이었다.

하루는 방사(方土)인 노생이 시황에게 주청하였다.

"저희는 오늘날까지 먹기만 하면 신선이 된다는 영초와 불로장수와 기약(奇藥), 그리고 선인 이 세 가지를 찾아보았습니다. 하지만 아직 발견하지 못했습니다. 아마도 이를 방해하는 요인이 있는 것

진시황이 천하를 통일하자 모든 군신들이 황제를 알현하다.

같습니다.

선인의 방술에 의하면 '사람의 임금이 된 자는 여전히 미행하여 아귀를 피하라. 아귀를 피하면 진인이 될 수 있다' 는 이야기가 있습니다. 진인이란 말하자면 무심(無心), 바로 그것의 존재로서, 물이 들어가도 물이 묻지 않으며, 불에 들어가도 불에 타지 않고 구름과 같이 높이 떠서 천지가 있는 한, 영원히 살아 있게 되는 것입니다.

지금 폐하는 천하를 발아래 두고 계시지만, 모든 것을 초월한 무심의 경지에까지 이르기에는 아직 멉니다. 그리고 임금의 거처를 신하에게 알리는 것은 신기(神氣)를 잃는 결과도 됩니다.

그런 고로 이제부터 폐하의 소재를 사람들에게 알리지 않도록 노력해 주시기 바랍니다. 그것이 달성되면 불로장생의 약도 입수되리라고 믿습니다."

"나는 진인이라는 것이 되고 싶다. 지금부터 복도와 통로로 서로 연결된 누각 270동을 짓게 하겠다."

그리고 각 누각에는 유장(휘장과 장막)을 치고 각종 악기를 비치한 다음 많은 미녀들을 살게 했다. 또한 각동에 소속된 자의 이름을 등록하여 이동을 금하는 한편 시황제의 행차 때 소재를 누설하는 자는 사형에 처하도록 결정했다.

시황제가 양산궁에 행차했을 때의 일이다. 시황제가 산 위에서 승상 이사의 행차 행렬이 너무나 거창하자 눈살을 찌푸렸다. 이를 눈치챈 환관 한 사람이 그 사실을 이사에게 알려주었다. 그러자 이 사는 그 뒤 행차 뒤를 따르는 기마의 수를 줄였다. 시황제는 이 사실을 알고 크게 노하였다.

"환관이란 놈이 내 소재를 누설하여 이사에게 고해 바쳤구나."

그러자 시황제는 말하였다. 즉시 철저하게 조사를 했지만 기밀을 누설한 범인은 확인되지를 않았다. 그러자 시황제는 양상국의 산정에서 이사의 행렬을 내려다볼 때 곁에 있던 모든 사람을 사형에 처했다.

그 뒤 노생은 방술(方術)의 성과가 오르지 않는 것은 시황제의 교만 때문이라고 말하고는 도망쳐 버렸다. 이 소식을 듣자 시황제는 열화와 같이 화를 냈다.

"나는 태평한 세상을 만들기 위해서 쓸모 없는 서적을 몰수하여 불태워 버렸거니와 한편으로는 많은 학문과 방술에 능한 선비를 우대하였다. 그런데 불로장수의 약을 만든다고 한 방사들의 행동은 어떤가? 한중은 도망간 뒤로 소식이 없으며, 서시 등은 억대에 이르는 비용을 쓰면서도 약을 만들지 않았다 . 오히려 이를 기회로 삼아 개인의 재산을 늘리고 욕심만 채웠다고 한다. 나는 노생에게 마음으로부터의 경의를 표하고 최고의 대우를 했음에도 불구하고 그는 나를 비방하고 부덕함만을 내세웠다. 도읍으로 초청해 온 학자들도 감언이설로 백성들을 현혹시키고 있다."

시황제는 이렇게 말하고 검찰관에게 명하여 학자를 한 사람도 남김없이 조사하여 유언비어를 퍼뜨린 자를 찾아내라고 하였다.

하지만 결국 시황제는 법을 위반했다는 죄명을 씌워 460여 명에

진시황은 학자들이 괴상한 언사로 백성을 현혹시켰다는 죄명을 씌워 460여 명의 학자들을 생매장하였다.

달하는 수많은 학자들을 생매장한 뒤에 이 사실을 전국에 포고하여 본보기로 삼았다. 이 일을 가리켜 이른바 갱유(坑儒)라고 일렀다.

시황제의 이러한 지나친 처사를 보고 참지 못한 진시황의 장자 부소(扶蘇)가 이렇게 말하였다.

"천하는 이제 가까스로 안정되기 시작했을 뿐이며, 먼 곳의 백성은 아직도 진나라에 귀속하지 않았습니다. 이러한 때에 공자의 가르침을 신봉하는 학자들이 예로부터의 관행을 말한다고 해서 이를 법으로 규정하려 하시는 것은 사회의 불안을 불러일으키는 결과가 될 뿐이 아니겠습니까? 바라옵건대 깊은 현찰이 있으시길 빕니다."

아들의 말을 듣고 시황제는 몹시 화가 났다. 결국 부소에게 북망군 사령관 몽염의 감독관이라는 명목을 붙여 그를 흉노족이 자주 출몰하는 지역으로 쫓아내버렸다.

시황제의 신변을 진정으로 걱정하는 것은 아들 부소였지만, 남의 말에 귀를 기울이지 않는 황제는 자기 아들의 진정을 이해하지 못했던 것이다.

시황제 36년. 동족 도읍에 유성이 떨어져 돌이 되었는데, 그 돌에 이런 문자를 새겨넣은 자가 있었다.

"시황제가 죽고 나라는 다시 분할된다."

시황제는 이 보고를 받고 즉시 관리를 보내어 엄하게 조사를 시켰지만, 아무리 해도 범인을 찾을 수가 없었다. 그러자 시황제는 그 부근의 주민들을 모두 죽인 뒤에 그 돌을 태워 녹이게 하였다.

그런데 가을에 동쪽에서 오는 사자가 화산 북쪽을 지나고 있을 때 밤길에서 구슬을 가진 한 남자가 사자를 불러세우며

"이 구슬을 적지(適地)의 주인에게 전해 주오" 하고 부탁했다. 그리고 계속해서 이렇게 말하였다.

"조룡(시황제)은 올해 안에 죽을 것입니다."

사자가 그 사유를 묻자 사나이는 순식간에 자취를 감추어 버렸고, 그 자리에 구슬만 남아 있었다. 사자는 도읍에 도착하여 구슬을 시황제에게 바치고 일의 전말을 일러바쳤다.

"화산의 신은 금년의 일밖에 미리 알지 못하는군."

시황제는 이렇게 중얼거리고는 그 사자가 물러간 뒤에도 계속해서

"조룡(祖龍)이란 인류의 선조라는 뜻이겠지……."

이렇게 말하며 자기 자신을 달래었다.

시황제는 진로를 서쪽으로 돌려 해안을 따라 중원진까지 도착했을 때 몸져누웠다.

시황제는 죽음이라는 말을 아주 싫어하였다. 신하들도 조심하여

만리장성.

누구 한 사람 '죽음'이라는 말을 입 밖에 내는 자가 없었다.

그러는 동안에도 시황제의 용태는 악화될 뿐이었고, 결국에는 장자 부소에게 "함양으로 돌아와 나의 장례를 주재하라"고 지시하기에 이르렀다. 하지만 이 유서는 순행의 재령(宰領)을 겸하여 옥새를 가지고 있던 환관 조고(趙高)에 의해 저지되어 발송되지를 못했다.

7월 병인날 시황제는 사구(砂丘)의 평태에서 세상을 떠났다. 황제가 객사한 것이 알려지면 황자들이 후계 구도를 놓고 싸울 것이며,

또한 불평불만자들의 반란이 일어날 것은 뻔한 일이었다. 승상인 이사는 이것이 두려워 황제의 죽음을 숨기고는 유해를 거두어 관을 온량거(상여)에 안치하고 시황제가 좋아했던 환관을 배승시켰다. 그러고 나서 아직 시황제가 건재한 것처럼 위장하기 위해 가는 곳마다 식사를 제공했다.

일행이 구원(九原)에 도착했을 때쯤 심한 더위 때문에 상여에서 썩은 냄새가 나기 시작했다. 썩은 냄새를 없애기 위해 황제의 명령이라며 수행하는 수레에 소금에 절인 생선을 한 점씩 싣게 했다. 그러고는 일행은 행차를 재촉하여 함양에 도착한 다음에서야 시황제의 죽음을 공표하였다.

진시황 석상.

시황제가 죽기 전에 황태자 부소에게 내린 유서에는 황제 계승권이 명시되어 있었다. 그러나 환관 조고와 승상이사, 그리고 태자 호해(胡亥)가 유서를 위조했으며, 그 위조된 유서에 따라 태자 부소를 죽이고 호해가 2세 황제에 올랐다. 그해 9월 시황제는 어산(驪山)에 묻혔다.

시황제는 즉위하자마자 여산에 자

진시황제의 병마용 - 토용.

신의 무덤을 조성하기 시작했었다. 전국적으로 10여만 명을 뽑아서 작업을 시켰다. 땅을 깊게 파고 구리 녹인 물을 사방으로 부어 방부처리를 한 다음, 관을 담은 궤를 들여놓고 그 안에는 궁전모형과 문무백관의 자리를 만들어 진귀한 보물들로 가득 채웠다. 또한 화살 자동발사기를 설치하여 외부인의 도굴에 대비했다. 뿐만 아니라 수은으로 강과 바다를 만들어 기계장치로 수은을 순화시켜 쉴 새 없이 흐르게 하였다. 무덤의 위쪽에는 일월성신을 그려놓고 바닥에는 중국의 지리를 표기했으며, 고래 기름으로 만든 초로 하여금 황제의 영생을 밝히며 꺼지지 않고 타도록 했다.

2세 황제 호해의 명령으로 시황제의 후궁 중에서 처녀들은 모두 순장시켰다. 그리고는 시황제의 관을 안장한 후에 보물의 위치와 각종기계장치를 제작했던 기술자들은 비밀을 누설할 가능성이 있다고 하여 묘실의 복도를 막고 외문을 봉쇄하여 한 명도 빠져나오지 못하게 하였다. 그런 다음 능 위에 나무를 심어 언뜻 봐서는 보통 산처럼 보이도록 마무리를 했다.

진시황제가 죽자마자 각지에서 반란이 일어났고, 진나라의 실권은 조고의 손으로 들어가 진제국은 와해의 길로 접어들었다. 하기는 진시황제의 아들 및 손자까지 이어지긴 했지만 진제국은 불과 15년 만에 무너지고 말았던 것이다.

23. 헛된 이름만 남긴 여불위
(呂不韋 기원전?~235년)

여불위는 한(韓)나라 사람으로 전국 후기의 재상이었다.
그는 문객들에게 《여씨춘추》를 쓰게 하여 진(秦)나라가
6국을 통일하는 데 여론 준비가 되게 하였다.

진나라 태자 안국군에게는 정부인으로 삼은 화양 부인이 있었는
데 그에게는 아들이 없었다.

안국군의 아들인 자초는 진나라를 위하여 조나라에 볼모로 보내
어졌다. 그런데 진나라가 자주 조나라를 공격해오자 조나라는 자
초를 무례하게 대했다.

여불위는 조나라 한단으로 장사를 나갔다가 자초의 어려운 소문
을 듣고 가엾게 여겼다. 그러고는 이런 생각을 하였다. "이 사람이
야말로 진기한 보물이다. 지금 사서 두면 많이 남겠다."

여불위는 자초를 찾아가 이렇게 말했다. "내가 당신에게 친구를 많이 만들어 주겠소."

이에 자초가 대답했다. "먼저 당신부터 친구를 많이 사귀구려. 그러면 내 친구도 많아질 게 아니겠소?"

"모르는 말씀이오. 내 친구는 당신의 친구가 많아지면 그에 따라 많아질 것이오."

자초는 여불위가 말하는 뜻을 알아차렸다. 그리하여 여불위를 집 안에 들이고는 기탄없이 대화를 나눈 끝에 속마음을 털어놓을 수 있는 사이가 되었다.

어느 날 여불위가 이렇게 말했다.

"진나라 임금은 늙었고 안국군이 태자가 되었습니다. 제가 들으니 안국군께서는 화양 부인을 끔찍이 사랑한다고 합니다. 화양 부인에게는 아들이 없다면서요? 하지만 누구를 후사로 세우느냐는 오직 화양 부인의 마음에 달렸다고 합니다. 지금 당신의 형제는 20명이나 됩니다. 당신은 그 중간 서열에 있고 그나마 사랑받지 못하여 남의 나라에 볼모로 잡혀와 있습니다. 그런 만큼 임금이 돌아가시고 안국군이 임금이 된다 해도 당신은 태자 자리를 놓고 다투어 볼 기회도 없을 것이오."

"그러니 어찌하면 좋겠소?" 하고 자초가 물었다.

"당신은 가난한 데다가 이곳에 볼모로 와 있으므로 어버이를 받들거나 친구를 사귈 기회가 없었습니다. 이 여불위가 당신을 위해 진나라에 들어가 안국군과 화양 부인을 설득하여 당신을 후사로 삼도록 해보겠소." 이렇게 여불위는 자신 있게 말했다.

여불위는 자초에게 많은 재물을 주자 자초는 매우 감격해 하였다.

자초는 여불위에게 머리를 숙여 감사를 표하고 다짐을 했다. "당신의 계획대로 된다면 내가 임금이 된 후에 진나라를 나누어 갖겠소."

여불위는 자초에게 많은 돈을 주어 친구를 사귀라고 이르고 자신은 진나라로 들어갔다. 여불위는 먼저 화양 부인의 여동생을 만나 화양 부인에게 줄 많은 선물을 맡겼다.

화양 부인의 여동생은 언니를 만나 진귀하고 값비싼 선물을 주며 말했다.

"자초는 어질고 지혜가 있습니다. 제후들의 친구들과는 친해서 그의 친구들이 천하에 고루 퍼져 있습니다. 그리고 자초는 언니를 하늘처럼 여기고 밤낮으로 울면서 태자와 언니를 사모하고 있다는 소문입니다."

이 말을 듣고 화양 부인은 매우 기뻐했다. 여불위는 화양 부인의 여동생을 시켜 이렇게 말하도록 일렀다.

"제가 듣기에 아름다운 얼굴로 남을 섬기는 사람은 그 아름다운 얼굴이 사라지면 사랑도 시들해진다고 들었어요. 지금은 태자를 섬겨 몹시 사랑을 받고 있으나 언니에게는 아들이 없습니다. 이런 때 일찌감치 여러 아들 가운데 현명하고 효심이 지극한 이들을 골라 친하게 지내며 후사로 삼아 부모와 자식의 연을 맺어 두는 것이 좋을 듯합니다. 그렇게 하면 언니는 남편이 살아계실 때는 물론이고 그가 죽은 뒤에도 권력을 잃지 않을 것 아니겠어요."

화양 부인은 여동생의 말이 옳다고 여겨 안국군이 한가한 틈을 타서 조용히 말했다.

"조나라 인질로 가 있는 자초는 현명하고 지혜롭기로 이름이 나 있습니다"라고 말하며 갑자기 울음을 터뜨렸다.

"첩이 다행히 정부인의 자리에 있사오나 아들이 없습니다. 원하옵건대 자초를 후사로 삼아서 첩의 몸을 의지하게 해 주시오."

안국군은 이를 쾌히 허락하고 도장을 새겨 자초를 후사로 삼을 것을 약속했다.

안국군과 화양 부인은 자초에게 많은 선물을 보냈다. 자초는 이런 일로 세상에 더많이 알려졌다.

여불위는 한단의 여러 미인 가운데서도 가장 빼어난 미인과 살고 있었다. 그녀가 임신한 것을 안 여불위는 한 가지 꾀를 내었다.

마침내 그는 자초에게 그 여자를 소개시켜 자초가 반하도록 한 뒤에 그 집으로 들여보냈다. 그 여자는 여불위의 아이를 가졌으면서도 열 달이 될 때까지 아무 소리하지 않고 있다가 아들을 낳았다.자초는 자기 아들로 알고 기뻐하며 아들의 이름을 정이라고 짓고 아들을 낳은 그 여인을 정실부인으로 삼았다.

진나라 소왕 50년에 왕기에게 군사를 주어 한단을 포위하도록
했다. 그러자 조나라는 자초를 죽이려 했다.

여불위는 자초와 상의한 뒤 황금 600근을 감시병들에게 나누어
준 뒤 진나라 진영으로 무사히 도망쳤다.

자초가 진나라 왕으로 되자 여불위는 재상이 되었다.

진나라 소왕이 56년에 죽자 태자 안국군이 임금이 되고 화양부인은 왕후가 되었다. 그리고 자초를 태자로 삼았다.

안국군은 임금이 된 지 1년 만에 죽고 태자 자초가 임금이 되니 그가 바로 장양왕이다.

장양왕은 자기를 밀어준 화양왕후를 화양태후라 하고 자기를 낳은 어머니 화희를 하태후로 높였다.

그리고 여불위는 재상이 되어 낙양 10만호를 하사받았다.

장양왕이 임금이 된지 3년 만에 죽자 여불위의 아들 정이 임금이 되었다. 여불위는 대 재상이 되고 임금의 둘째아버지로 모셔졌다. 여불위는 때때로 태후와 간통을 했다.

왕위에 오른 여불위의 아들 정이 바로 진시황이다.

진시황은 어른이 되었으나 태후의 간통은 그치지 않았다. 여불위는 발각되면 그 화가 자기에게 미칠까봐 늘 두려워했다. 그리하여 꾀를 내어 태후에게 다른 사람을 소개시켜 주고 자기는 태후에게서 빠져나왔다 .

여불위가 태후에게 소개시켜 준 남자의 이름은 노애인데 그는 태후를 임신시켰고 태후는 노애와 함께 옹 땅으로 갔다.

진시황은 9년에 한 신하가 노애를 고발하자 진시황은 그 사실을 확인하고 노애의 가까운 친척까지 모조리 잡아 죽였다.

노애의 사건을 다루다 보니 여불위도 걸려들었다. 진시황은 여불위도 목을 베어 버리려 했으나 여러 신하들이 그의 공로를 들어 말렸다.

진시황은 여불위를 하남 땅으로 보냈다. 1년쯤 지나자 제후의 손님이나 사자들이 여불위를 만나려고 길이 막힐 지경이었다.

진시황은 여불위가 반란이라도 일으킬까 봐 그에게 편지를 보냈다.

"그대가 진나라에 무슨 공이 있기에 그대에게 하남 땅을 주고 식읍을 10만호나 주었겠는가? 어디 그뿐인가 그대가 진나라와 무슨 친척관계라고 중보라고 불리는가? 그대는 가솔들을 이끌고 촉 땅으로 옮겨가 살도록 하라!"

여불위는 편지를 받고 조만간에 목이 달아날 것 같아 스스로 독이 든 술을 마시고 목숨을 끊었다. 공자는 여불위에 대해 "헛된 이름만 남기고 세상을 떠났다."고 말했다.

여불위의 《여씨춘추》.

24. 진나라 군주를 키운 왕전과 그의 아들 왕분 (王賁)

전국말기 진(秦)나라가 나날이 영토를 확장하여 천하통일을 실현하려는 때 진나라의 패업달성에 최대의 군공을 세운 이는 장군 왕전과 그의 아들 왕분이다. 이제는 초나라만 정복하면 천하를 완전히 장악하는 단계에 이르렀을 때다. 시황제는 먼저 혈기왕성한 젊은 장군 이신(李信)을 불러 물었다.

"초나라를 평정하는 데는 어느 정도의 병력이 필요한가?"

"우선 20만만 있으면 충분합니다."

시황은 다시금 왕전에게 묻자 왕전은 이렇게 대답하였다.

"상대방은 소홀히 할 수 없는 강적입니다. 아무래도 60만은 필요할 것입니다."

시황은 생각했다. 두 사람의 얘기를 들어보니 왕전은 아무래도 기력이 쇠약하였고 이신 쪽이 기개가 있어 믿음직스럽게 생각됐다.

시황제, 왕전, 이신이 초(楚)나라를 정복할 계획에 대해 공론하고 있다.

　　결국 시황은 이신과 몽염에게 20만 군사를 주고 남쪽 초나라로
출전시켰다.

　　왕전은 자기의 의견이 받아들여지지 않았기 때문에 병을 빙자하
여 고향인 빈양으로 은퇴했다. 진나라 군사는 두 패로 갈라졌다.
이신의 군사는 평여를 공격했고 몽여의 군사는 침구를 공격하여
다 함께 크게 승리했다.

　　이신은 다시금 언과 영을 함락시키고 거기서부터 군사를 서쪽으

로 돌려 몽염의 군과 성부에서 합류했다. 하지만 초나라 군은 몰래 이신의 군을 뒤 쫓아 4박 4일을 강행군하여 순식간에 이를 습격했다. 불의의 공격을 받은 이신의 군은 두 곳에서 방어벽이 깨지고 지휘관급의 간부가 일곱이나 전사했다. 비참한 패전이었다.

시황은 이 소식을 듣자 격노했다. 그리고 즉시 빈양으로 달려가서 왕권에게 사과했다.

"내가 왕전장군의 의견을 수용하지 않은 결과 이신이란 놈이 우리 진나라군 을 수치스럽게 만들었습니다. 지금의 초나라는 여세를 몰아 우리나라를 향하여 진격해 온다고 합니다. 몸이 불편한 것은 알고 있지만……"

"저는 보다시피 늙은이입니다. 이제 쓸모가 없습니다. 달리 이번 일을 맡을 사람이 있을 것입니다."

"알았소. 이 이상 나를 괴롭히지 말아주시오."

그래서 왕전은 태도를 바꿔서 이렇게 말했다.

"대왕께서 저에게 꼭 이번 일을 맡으라고 하신다면 60만 군사를 주시겠습니까?"

"모든 것을 장군에게 맡기겠소."

이렇게 하여 왕전은 다시 60만의 대군을 호령하는 장군으로 돌아왔다.

드디어 출전의 날이 왔다. 시황은 친히 왕전을 파수 근처까지 전
송했다. 그곳까지 오는 길에 왕전은 시황제에게 최상급의 전지와
저택을 하사해달라고 간청하자 시황은 이렇게 말했다.

"안심하고 출전하시오. 뒷일은 나에게 맡기시오."

"아닙니다. 대왕께서 봉사하는 장군은 이제까지 그 공의 대가로
큰 봉후의 영예를 받은 일은 없습니다. 저는 대왕의 은고를 받고

시황은 친히 왕전의 집에 가서 왕전에게 사과하고 다시 군사를 거느려 줄 것을 요구했다.

있을 때에 하사를 받아서 자손에게 남겨주고 싶습니다. 이 말에 시황은 배를 안고 웃었다.

왕전은 함곡관에 도착한 뒤에도 자주 시황에게 사자를 보내 토지를 하사해 달라고 간청했는데 이것을 알고 왕전에게 충고하는 사람도 있었다.

그러나 왕전은 이렇게 대답했다.

"누구나 아는 일이 아니오? 왕은 냉혹하고 사람을 신뢰하지 않는 분입니다. 나에게 진나라 군사 전부를 맡긴 오늘 마음이 편할 리는 없습니다. 이렇게 내가 재산밖에 생각하지 않는 것처럼 행동하지 않으면 반역할 마음이 나에게 있다고 왕은 생각할 것입니다."

초나라 군은 진나라 장군을 왕전으로 바꾼 데다가 병력을 증강하여 반격해 온다는 소식을 듣자 전국의 군사를 총동원하여 대항하려 했다. 하지만 왕전은 초나라군과 마주치면 견고한 보를 쌓고 쉽게 싸우려 하지 않았다. 초나라군이 자주 유인을 해 오더라도 왕전은 하나도 움직이려 하지 않았다. 뿐만 아니라 왕전은 전 군사를 휴식시키고 충분한 식량을 지급하면서 병사들과 식사를 같이하며 그들의 사기를 북돋아주었다. 이와 같은 상태가 계속된 뒤 "병사들이 진중에서 어떻게 하고 있는가" 하고 왕전이 전군의 동태를 물었다.

"운동경기에 열중하고 있습니다." 하는 보고였는데 왕전은 이 보고를 듣고서야 회심의 미소를 띠었다.

"우리 군의 태세는 만전을 기하고 있다."

왕전이 이렇게 생각하고 있을 때 초나라 군은 상대가 움직이려 하지 않자 동쪽으로 군사를 철수시키기 시작했다. 왕전은 그제야 기회가 왔다는 듯이 전군을 풀어 추격전을 전개했다. 그러니 손쉽게 초군을 대파할 수 있었고 기수 남쪽에서 초나라 장군 항연을 잡았다. 초나라군은 완전히 무너졌고 진나라군은 여세를 몰아 각지의 도읍을 석권했다.

1년쯤 뒤에 초나라 왕 부추를 사로잡은 뒤에 초의 전국토를 평정하여 진나라 영토로 편입시켰다. 그리고 이 여세를 다시 몰아 남쪽의 백월의 왕도 항복시켰다.

한편 왕전의 아들 왕분도 이신과 함께 연나라와 제나라 왕을 평정했다.

이렇게 해서 시황 26년(기원전221년) 진나라는 드디어 천하를 통일했다.

왕전부자는 몽염과 같이 신하 가운데서도 그 공이 가장 높았으며 그들의 명성은 후세까지 전해졌던 것이다.

25. 진제국의 모사 이사
(李斯 기원전?~208년)

이사는 초(楚)나라 사람으로 저명한 사상가이다.
그는 진시황이 통일제국을 건설하는 데 크게 공헌한 모사이다.

그는 진나라 왕정을 이렇게 설득했다.

"큰일을 할 때는 상대방의 잘못을 포착하고 가차 없이 공격을 해야 합니다. 그러나 소인(小人)은 그런 이치를 알지 못하므로 대개 좋은 기회를 놓치고 맙니다.

옛날 목공이 패가(覇者)가 될 때 동방의 여러 나라를 병합하지 못했던 것은 당시에는 제후의 수가 많았으며 아직 주(周)왕실의 위력도 쇠퇴하지 않았기 때문입니다.

하지만 그 뒤 왕실이 쇠퇴하고 제국이 서로 침략을 일삼아 진나라 효공때에 이르러서는 중원 땅이 여섯 나라로 통합되었습니다. 진나라는 효공 이후 6대에 걸쳐서 그들 6개국에 군림했기에 이제 제후는 가신(家臣)과 다름없으며 완전히 진나라에 복종하고 있습니다.

진나라의 국력은 강성하고 황제는 현명하십니다. 이 두 가지를 갖춘 지금 제후를 멸망시키고 천하를 통일하는 것은 손쉬운 일입니다. 지금이 절호의 기회이므로 주저하고 있을 때가 아닙니다. 제후들은 틀림없이 다시 세력을 규합하여 합종(合從)을 이루고 대항해 올 것입니다. 그렇게 되면 그때는 이미 어떤 방책을 강구하더라도 천하통일은 불가능할 것입니다."

이 말을 듣고 정은 이사를 장사(長史)에 발탁했다. 그리고 그의 의견을 받아들여 비밀리에 책사에게 금은보화를 주고 제후들을 염탐하도록 명령 내렸다. 그들을 통해 제후들에게 봉사하는 중신들 가운데 돈을 좋아하는 사람을 골라 뇌물을 주었고 협력을 거부하는 자는 죽였다. 이렇게 하여 임금과 신하를 이간시킨 후에 우수한 장군을 보내서 무력으로 제후들을 차지하게 되었다. 이 공적으로 진나라 왕은 이사를 왕의 고문으로 삼았다.

이 무렵 한(韓)나라의 기술자인 정국이라는 사람이 진나라의 관개용수를 만들었는데 이 공사는 진나라의 국적을 소모시켜 동쪽

이사의 이름이 알려지자 그를 찾아오는 문무백관들의 발길은 끊이지 않았다.

정벌을 억제하기 위한 한나라의 계략이었다. 이 사실이 알려지자 왕실의 중신들은 일제히 왕에게 아뢰었다.

"다른 나라 출신으로 진나라에 와서 일하는 자는 적의 첩자라고 간주해도 큰 잘못이 아닙니다. 이들을 모두 추방해야 합니다."

그러나 초나라 출신이었던 이사는 이러한 움직임을 저지하기 위해 바로 왕에게 다음과 같이 상서했다.

……. 다른 나라 사람을 추방하신다는 데 이는 큰 잘못이라고 생각합니다. 옛날 목공은 인재를 여러 나라에서 구했습니다. 그래서 목공은 여유를 융에서 초빙하고 백리해는 완에서 건숙은 송에서 비표와 공손지는 진나라에서 데려왔습니다. 이들 다섯 사람들은 모두 진나라 출신은 아니지만 진나라는 이들을 임용하여 20개국을 병합하고 제후국 사이에서 패권을 잡았습니다. 그리고 또 효공은 위나라 사람 상왕을 등용해서 그가 제의한 법치주의를 채용하여 내정개혁을 단행했습니다. 그 결과 백성들이 부유해지고 나라도 부강해졌습니다. 그래서 진나라는 초나라와 진나라를 무찌르고 영토를 넓혀 오늘의 융성을 누리게 된 것입니다. 만약 군주가 타국인을 배척하고 등용하지 않았다면 오늘의 진나라 번영은 물론이고 나라 이름도 없었을 것입니다.

요즘 그 인물됨이 어떻든 타국인이라면 무조건 추방하려 하고 있습니다. 이러한 좁은 생각으로써 천하통일의 위업을 성취할 수가 있겠습니까? 토지가 넓으면 수확량도 많고 나라가 크면 인간이 많고 군대가 강하면 병사가 용감하다고 합니다. 무슨 일에든 큰 뜻을 성취하는 데는 도량이 제일 소중합니다. 태산은 한 줌의 흙도 버리지 않기 때문에 그 높이를 보존할 수가 있는 것입니다. 황하와 바다 또한 아무리 작은 시냇물이라도 받아들이기 때문에 그만한 수량을 유지할 수가 있는 것입니다. 왕좌도 역시 마찬가지입니다. 어떠한 인간일지라도 거절하지 않아야 훌륭한 정치를 할 수 있습니다.

옛날 오제삼황이 천하를 굴복시킨 것도 이와 같은 정치를 잘 했기 때문입니다. 그러므로 이번의 타국인 추방 방침은 천하의 인재가 진나라로 들어오는 것을 금지하는 것과 같습니다.

진나라 출신이 아닐지라도 진나라에 충성을 맹세하는 사람이 적지 않습니다. 그런데도 불구하고 타국인을 추방하고 백성에게 손해를 끼치고 적을 이롭게 하려고 하십니다. 이런 조처야말로 적에게 병사를 빌려주고 도둑에게 식량을 대주는 것과 다름없습니다.

만일 이렇게 된다면 국내에서는 인재가 모자라게 될 것이며 제후들의 원한을 사게 될 것입니다. 또한 애써 나라의 안태(安泰)를 원해도 그것을 얻을 수 없게 될 것입니다…….

이사의 이 같은 상서를 보고 시황제는 타국인에 대한 추방령을 철회한 뒤 이사를 관직에 복직시켰다. 진나라의 천하통일은 강력한 군사력뿐만 아니라 이사가 말했듯 개방적인 사고로 다양한 타국의 인재를 적시에 발탁하여 적재적소에 활용한 것도 큰 요인으로 작용했다.

"많은 사람을 가지지 않고 포용하는 도량이 큰 사업을 달성할 수 있게 한다"는 말의 본래의 출처는 궁지에 몰린 이사가 기사회생(起死回生)의 마지막 수단으로 짜낸 말이다.

후세 사람들은 이사가 충성을 다했으나 조고의 간계로 형벌을 받아 억울하게 죽었다고 말한다. 그러나 만일 이사가 권모술수와 아첨에 능하지 않았다면 진제국을 통일하는 데 공헌한 이사의 공은 주나라의 주공과 같이 높은 것으로 평가 받았을 것이다. 하지만 이사는 진시황의 붕어 후 고조의 간계에 끌려 적자를 폐하고 호해를 황제로 세우는 일에 동조했다. 그러나 고조와의 암투에서 밀려 사형을 당했다.

26. 조고(趙高)의 음모

조고는 조나라 왕족의 먼 일가가 되지만 비천한 집안의 출신이다.
하지만 시황제는 그가 노력가이며 형법에 정통하다는 평판을 듣고
중거부령(中車府令)으로 등용한 것이다. 조고는 등용되자 곧 공자 호해에게
접근하여 소송 및 재판의 진행방법을 가르쳤다.

시황제가 죽자 조고 이사는 서로 모의해서 시황제의 조칙을 받
았노라 속여 승상의 이름으로 호해(胡亥)를 태자로 봉하고 2세 황제
가 되었는데 그때 나이가 스물한 살이었다.

조고는 낭중령(郞中令)요직에 앉아 황제의 신임을 독점하고 정사
의 모든 것을 관장하였다.

어느 날 조고는 자신의 권력을 시험해 보려고 2세 황제에게 사슴
을 바치고 그것을 말이라고 우겼다.

황제는 좌우 신하들에게 물었다.

"이 짐승은 분명 사슴이렷다?"

그러자 좌우의 신하들이 입을 모아 대답했다.

"폐하 그 짐승은 분명 말이옵니다."

황제는 놀라 자기가 정신이 이상하지 않은지 의심했다. 그래서 점치는 사람을 불러 점을 치게 했다. 점괘는 이렇게 나왔다.

"황제가 봄, 가을에 거행하는 제사에서 몸을 바로하고 깨끗하게 하지 않아 선대의 귀신들이 성이 나서 그러니 지금부터라도 몸과

조고는 황제에게 사슴을 말이라고 속인다.

마음을 바로 해야 합니다."

그리하여 황제는 몸과 마음을 바로 한다면서 상림이란 곳에 들어가 날마다 사냥을 즐기면서 놀았다.

어느 날, 지나가던 나그네가 상림 안으로 들어온 일이 있었다. 황제는 그 나그네를 활로 쏘아 죽였다. 이 사실을 안 조고는 황제를 따끔하게 나무랐다.

"황제께서 이유도 없이 죄 없는 사람을 죽였으니 이는 하늘에 계신 옥황상제께서 금하는 일입니다. 귀신도 폐하의 제사를 받지 않을 것이며 하늘이 장차 큰 화를 내릴 것입니다. 마땅히 궁궐을 멀리 피해 화를 물리치는 기도를 드려야 합니다."

황제는 조고의 말에 따라 궁을 나가 망이궁에서 살았다. 망이궁에 머문지 3일 만에 조고는 황제의 명령이라고 속이고 병사들에게 거짓 조칙을 내려 소복차림으로 무기를 들고 궁으로 향하게 했다. 그리고는 황제를 찾아가 말했다.

"산동의 도적떼들이 쳐들어 왔습니다."

황제가 넋이 나간 채 망루에 올라가보니 과연 소복차림의 병사들이 궁문밖에 쫙 깔려 있었다.

조고는 황제를 협박하여 자살하게 했다. 그런 후 옥새를 자신이 차지했다.

그러나 조고를 따르는 사람은 한 사람도 없었다.

조고가 망이궁 옥좌에 앉자 궁전이 세 번이나 무너질 듯이 흔들렸다. 조고는 하늘이 자기를 돕지 않고 신하들도 따르지 않는다는 것을 알아차리고 진시황의 소자 자영에게 옥새를 넘겨주었다.

조고는 자영의 사병들에게 죽음을 당했다.

자영은 즉위하고 나서 조고가 두려워 병을 핑계 삼아 조정에 나오지 않고 내시 한담과 그의 아들을 시켜 조고를 죽일 계획을 꾸몄다.

　어느 날, 황제를 문병하러 온 조고를 내시 한담이 칼로 찔러 죽여 버렸다. 자영은 조고의 가까운 일가친척들까지 모조리 죽여 버렸다.

　자영이 황제가 된 지 석 달 만에 한나라 유방이 진나라 함양으로 쳐들어 왔다. 그러나 진나라 장수들이나 조정신하들은 이들을 막을 생각도 하지 않고 하나같이 배반해 버렸다.

　자영은 처자와 함께 유방에게 항복했고 유방은 자영을 옥에 가두었다. 그러나 곧 초나라 항우가 함양에 도착하여 자영과 그의 처자들을 죽여 버렸다. 마침내 진나라는 망하고 말았다.

　태사공의 말:

　"이사는 정치를 공명정대하게 하지 않고 황제의 결점을 보완하는데 힘쓰지 않았다. 그는 조고의 간사한 말에 빠져 장자인 부소를 없애고 서자인 호해를 즉위시켰다. 사람들은 '이사가 지극히 충성스러웠으나 모함에 빠져 죽었다' 고 말한다. 이사는 뛰어난 모사꾼일 뿐이다."

27. 변통에 영활한 숙손통
(叔孫通)

진조(秦朝) 말년 진나라 2세황제 때 숙손통은 학식을 인정받아
박사 (博士-진나라 시황제 때 박식한 학자들에게 준 관직) 후보로 조정에 불려갔다.

그 뒤 진승이 산동에서 군사를 일으켰다는 소식이 도읍에 전해
졌다. 2세황제는 이 보고를 받자 박사들과 학자들을 모아 자문을
청했다.

"초나라 병영 수비병들이 기현을 공격하여 함락 시켰고 이어서
진나라에까지 쳐들어 왔다하오. 굳이 끄집어내서 얘기할 만한 것
은 없으나 여러분의 의견이라도 들어두고 싶소."

박사와 학자들 30여 명이 각기 나아가 대답했다.

"천자께 활을 당기다니, 백성이나 신하된 도리로서 꿈에도 있을

수 없는 일이 옵니다. 마음속으로 그런 생각을 품었다고 하더라도 반역죄가 됩니다. 단호히 사형에 처해야 합니다. 용서할 수 없는 일입니다. 당장 군사를 보내어 진압시킬 일입니다."

반역이라는 이야기를 듣자 2세황제는 불쾌한 표정을 지었다. 그것을 본 숙손통은 이렇게 말했다.

"여러분의 의견은 잘못입니다. 지금이야말로 천하가 한 집안이나 다름없습니다. 군현의 성벽은 헐어버렸고 무기는 녹여버렸으며

황제의 얼굴빛이 변했음을 눈치 챈 숙손통은 속히 영활하게 변통을 하여 말했다.

이제는 전쟁이 있을 수 없다는 것이 천하에 천명된 바 있습니다. 더구나 총명하신 황제 앞에서 모든 법령은 저 아래까지 준수되고 있으며 백성들은 저마다 자기 직분에 충실하며 변경의 백성들도 다 같이 복귀한 바 있습니다. 그와 같은 어세(御世)에 있어 어찌 반역이 일어날 수 있겠습니까? 짐승이란 자는 단순한 도적떼, 황제께서 손수 진압에 나설 일이 못되옵니다. 얼마 안 있으면 관리들이 모조리 잡아서 처벌할 것이니 염려 마십시오."

2세 황제는 숙손통의 이야기에 만족스럽게 고개를 끄덕였다. 이어서 학자 한 사람 한 사람에게 의견을 물었다. 의견은 두 갈래로 즉, 반역설과 도적설로 갈라졌다. 2세황제는 반역설을 내세운 학자들을 나쁜 소문을 퍼뜨렸다 하여 감찰관에게 취조를 시킨 뒤에 옥리에게 넘겨 버렸다. 한편 도적설을 주장한 학자들에게는 누구 하나 견책하지 않고 특별히 숙손통에게는 비단 20필, 의복 1습을 하사하였고 박사로 승격시켰다.

숙손통이 궁전에서 물러나오자 동료학자들이 비꼬았다.

"그만큼이나 아부해 말하다니. 학자로서는 너무나 비겁한 노릇이군 그래."

"아니 귀공들은 모르겠지만 그렇게 이야기 하지 않으면 내 몸이 위험했기 때문일세."

2세황제는 숙손통에게 비단 20필과 의복1습을 하사하고 박사로 승격시켰다.

숙손통이 이렇게 변명하면서 급히 고향인 설(薛)땅으로 도망쳐 버렸다.

한시대(韓時代)에는 설령 못난 자라 하더라도 황제의 마음에 들면 출세했다.

이러한 시대에 있어서 어떻게 살아남느냐를 보여준 것이 숙손통이다.

사마천은 그를 평판하면서 '참으로 곧바른 것은 굽어보인다. 길에는 본래 기복이 있기 마련이다."라고 했다.

28. 지혜로운 전숙(田叔)

전숙은 한나라 때 조나라 사람으로 조상은 제(齊)나라 전 씨의 후예이다.
전숙은 엄격하고 청렴결백했으며 여러 선비들과 사귀기를 좋아했다.
전숙은 한나라 때 조나라 사람으로 조상은 제(齊)나라 전 씨의 후예이다.
전숙은 엄격하고 청렴결백했으며 여러 선비들과 사귀기를 좋아했다.

그러나 조나라 임금은 그를 강직하고 청렴결백하게 보긴 했으나 승진시키지는 않았다.

그 무렵, 한나라 고조 유방은 반란을 진압하려고 대(代)땅으로 가다가 조나라를 지나게 되었다. 조나라 임금 장오는 그를 극진히 모셨다. 그런데 유방은 두 다리를 뻗고 앉아서 그를 꾸짖곤 했다.

조나라 재상 조오를 비롯해 수십 명의 신하들은 화가 나서 임금에게 말했다.

"대왕께서는 예의를 다하여 황제를 섬기는데 지금 황제께서 대

왕을 대하는 태도가 매우 불쾌합니다. 신들은 반란을 일으키고자
합니다."

그러자 조나라 임금은 손가락을 깨물어 피를 내어 맹세하며 말
했다.

"선대께서 나라를 잃었을 때 황제가 아니었더라면 아마도 우리
들의 몸에서는 벌레가 들끓었을 것이오. 그러니 그런 말은 아예 입
밖에 내지 마시오."

그러자 관고 등이 감탄하여 입을 열었다.

"대왕께서는 큰 인물이시니 결코 은덕에 배반하지 않을 것입니
다."

그리고는 자기들끼리 황제를 살해할 음모를 꾸몄다. 그러나 그
음모는 행동으로 옮기기 전에 발각되고 말았다.

한나라에서 조서를 내려 역적들을 모조리 체포하도록 했다.

조나라 임금 장오가 체포되고 재상 조오를 비롯하여 신하들은
자살해 버렸다. 남은 사람은 오로지 관고 한 사람뿐이었다.

한나라에서는 다시 조서를 내려 '조나라 사람으로서 조나라 임
금을 따라 수도로 오는 자가 있으면 3대를 처벌하겠다'고 했다.

그런데도 맹서, 전숙 등 10여 명은 붉은 옷을 입고 스스로 노예의
차림으로 왕가의 종이라고 하면서 조나라 임금의 뒤를 따라 한나

라 수도 장안에 닿았다.

그 뒤 음모에 가담한 관고가 사실을 확실하게 밝혀 조나라 임금 장오는 풀려났으나 왕위에서는 물러나게 됐다. 장오는 맹서, 전숙 등 10여 명의 충성심을 황제에게 말했다. 황제는 그들을 불러들여 모두에게 벼슬을 주었다.

전숙은 한중의 수령으로 발령받아 10년이 넘었다. 때마침 여태후가 죽자 여 씨들이 난을 일으켰다. 대신들은 그를 진압하고 효문제를 황제로 삼았다.

효문제가 전숙을 불러 물었다.

"공은 천하의 장자를 아는가?"

"신이 어찌 그런 분을 알겠습니까?"

"공이야 말로 장자이다. 미리 알아두는 것이 좋을 거요."

전숙이 머리를 조아리며 말했다.

"저보다 맹서가 장자입니다."

이 때 맹서는 운중고을 태수였다가 그곳이 오랑캐의 침입이 가장 심하다고 하여 파면당했다.

효문제가 말했다.

"맹서는 선제께서 운중에 둔 지 10년이 넘었소. 그런데 오랑캐 하나 막지 못하고 백성과 병사들을 무수히 희생시켰소. 장자는 이토록 사람을 죽이는 자인가?"

이에 전숙이 머리를 조아리며 말했다.

"맹서는 장자이옵니다. 관고 등이 모반을 꾀했을 때 황제께서 조서를 내려 '조나라 사람으로 조나라 임금을 따라 서울로 오는 자는 삼족을 멸할 것이다. 그러나 맹서는 머리를 깎고 목에 칼을 쓰고 죽자고 했습니다. 또 어찌 그가 문중의 수령이 될 줄 알았겠습니까? 한나라와 초나라가 서로 버티는 사이에 흉노의 추장은 새로 북쪽 오랑캐를 복종시키고 이 나라 변방에 해를 끼치고 있습니다. 맹서는 병사들이 지쳐있음을 알고 나가 싸우자는 말을 못했습니다. 그러나 병사들은 적과 싸워 죽어갔습니다. 그것은 마치 아들이 아버지를 위해 아우가 형을 위해 죽는 것과 같습니다. 그런 까닭에 죽은 자가 수백 명에 이릅니다. 맹서가 어찌 일부러 그들을 몰아내어 싸우게 하겠습니까? 이것이 바로 맹서가 장자라는 증거입니다."

효문제는 전숙의 말에 고개를 끄덕였다.

"과연 맹서는 어진 장자로다."

맹서는 다시 은중의 수령으로 임명되었다.

몇 해가 지나자 효문제가 죽고 효령제가 등극했다. 양나라의 효왕이 사람을 시켜 오나라의 정승 원앙을 죽인 사건이 일어났다. 효

령제는 전숙을 시켜 양나라 일을 조사하도록 명했다. 전숙이 그 사
건의 내용을 자세히 알아보고 효령제에게 보고했다.

"아니, 효왕이 정말 그런 일을 저질렀단 말이오?"

"그러하옵니다."

"확실한 증거가 있소?"

전숙은 호령을 내려 임금을 고소한 자를 때리게 했다.

"폐하께옵서는 양나라 일을 더 이상 묻지 마옵소서."

"무슨 까닭이오?" "지금 양나라 임금이 형벌을 받아 죽지 않으면 한나라의 법이 시행되지 않는다는 증거이며 또 만일 그가 법대로 처형된다면 태후께서는 먹어도 맛이 달지 않고 누워도 자리가 편안하지 않을 것입니다. 그러면 근심이 폐하에게도 미치지 않겠습니까?"

효령제는 전숙의 현명함에 감탄하여 그를 노나라 재상으로 삼았다. 그가 임지에 도착하자 백성들이 구름처럼 모여들어 임금이 자기들의 재물을 빼앗아 갔다고 호소했다.

전숙은 그들의 우두머리 20여 명을 잡아다가 각각 50대씩 매질을 하고 나머지 사람들은 20대씩 때리고는 호령을 했다.

"이놈들! 임금은 너희들의 주인이 아니더냐! 그런데 감히 주인을 고소하다니 말이 되느냐!"

노나라 임금이 그 말을 듣고 매우 부끄럽게 여겨 스스로 창고를 열어 백성들에게 재물을 나누어 주라고 했다.

노나라 임금은 사냥을 몹시 즐겨했다. 전숙은 항상 임금을 따라 사냥터에 나갔다. 그때마다 임금은 전숙에게 숙사에서 쉬게 했으나 전숙은 밖에 나와 임금을 기다렸다. 그리하여 노나라 임금은 밖에 나가 마음대로 사냥도 하지 못하였다.

여러 해가 지난 뒤 전숙은 재상자리에서 직무를 보던 중 죽고 말았다. 노나라에서는 금 백 근을 주어 그의 제사를 받들게 했다. 그러나 그의 아들 인이 받지 않고 이렇게 말했다.

전숙은 노나라 임금이 마음대로 사냥을 못하게 늘 그를 따라다녔다.

"금 백 근으로 아버지의 이름을 더럽힐 수 없습니다."

"인은 위장군의 휘하에서 위장군을 따라 자주 흉노를 공격했다. 위장군은 인을 조정에 추천하여 벼슬을 얻게 했다.

태사공의 말:

"공자는 어떤 나라에 머물게 되면 반드시 그 나라의 정치에 참여했다는 칭찬을 들었다. 전숙도 그러한 사람이 아니겠는가! 그는 의로움을 지켜 현명함을 잊지 않았으며 군주의 미덕을 밝히면서 군주의 과실을 덮어 주었다."

29. 대장부 항우
(項羽 기원전 231~202년)

항우는 초(楚)나라 명문의 자제이다.
그가 거사(擧事)한 것은 스물네 살 때이다. 항우는 막내숙부
항량의 영향을 받으며 자랐다. 항우는 소년시절 공부를 해도
도무지 신통치가 않았다. 그래서 무술은 어떨까 하여
숙부가 무술을 시켜 보았으나 검술도 마찬가지였다.

보다 못한 숙부가 꾸중을 했다. 그러나 항우는 태연하게 대답했
다.

항우(項羽)는 초(楚)나라 명문의 자제이다. 그가 거사(擧事)한 것은
스물네 살 때이다.

항우는 막내숙부 항량의 영향을 받으며 자랐다. 항우는 소년시
절 공부를 해도 도무지 신통치가 않았다. 그래서 무술은 어떨까 하
여 숙부가 무술을 시켜 보았으나 검술도 마찬가지였다. 보다 못한
숙부가 꾸중을 했다. 그러나 항우는 태연하게 대답했다.

"글공부 따위는 제 이름이나 적을 줄 알면 충분합니다. 검술도 결국은 한 사람의 적을 상대하는 것일 뿐 그까짓 것 배워보았자 뭘 하겠습니까? 이왕 배울 바에야 만인을 상대로 싸우는 법이라야죠."

이 말을 들은 숙부는 이번에는 병법을 가르쳤다. 그러나 이것도

항우는 글을 쓰다가 쉽게
실증을 느끼곤 하였다.

처음에는 신이 나게 배우더니 오래가지 않았다. 대강대강 요점만을 터득하고는 집어치우고 말았다.

한 번은 이런 일이 있었다.

시황제가 회계군을 순행하다가 절강을 건너갈 때의 일이다. 그 행차의 주요 목적은 동남방에 어른거리는 제왕의 기운을 제압하려는 데 있었다. 그러므로 성대한 행렬이 일대 장관을 이루었으며 백성들에게도 황제의 행렬이 특별히 공개되었다.

숙부는 항우를 데리고 그 행렬을 구경하러 나왔다. 당시 스물 두살이던 항우는 북적거리는 인파속에서 시황제를 보는 순간 자신도 모르게

"머지않아 내가 저 놈을 대신하게 된다."

이렇게 중얼거렸다.

"함부로 지껄이지 마라, 가족 몰살을 모르느냐!"

항량은 재빨리 조카의 입을 손으로 막았다.

이 일로 항량은 조카가 보통내기가 아니라고 생각하게 되었다.

항우는 신장이 8척이 넘었고 힘은 무쇠 솥을 가볍게 쳐들 만큼 세고 재능 또한 탁월하여 그 때 이미 고을 안의 젊은이들 사이에 영향력을 행사하는 존재가 되어 있었다.

어느 날 항량은 회계군 수령 은로와 이야기할 기회가 생겼다.

항량은 재빨리 조카의 입을 손으로 막았다.

"반란은 현재 장강 서북 일대에 퍼져있소. 이제 진 제국은 천운까지 잃은 것이오. 이 기회를 놓치면 안 되겠소. 선수를 치면 사람을 제압할 수 있고 뒤처지면 굴복당한다고 들었소. 이 기회에 나도 거병할 생각이오. 귀공과 환초가 내 막하에 들어와 주었으면 하는데 의향이 어떠신지?"

이 때 환초는 늪과 못이 널리 퍼져 있는 곳으로 도망친 상황이었다.

항량은 문득 하나의 계책이 떠올랐다.

"환초는 달아나는 중인데 찾을 길이 막연합니다. 다행히도 그가 있는 곳을 제 조카가 알고 있습니다."

잠깐 시간을 내어서 밖으로 나온 항량은 조카 항우를 불러 귓속말을 했다. 항우는 대검을 차고 군청 밖에서 대기하였다. 항량은 다시 자리로 돌아왔다.

"제 조카 녀석을 불러서 환초를 찾아오게 하시죠."

"불러오시오."

항량이 항우를 불러들였다. 잠시 뒤 그는 항우에게 '해치우라'는 눈짓을 했다. 항우는 칼을 뽑아 수령 은토의 목을 베어버렸다.

항량은 그 목을 쳐들고 수령의 인수(印綬)를 몸에 걸친 채 관리들 앞에 나타났다. 군청안은 순식간에 아수라장이 되었다. 그 속으로 항우가 뛰어들어 수십 명을 처치했다. 관리들은 넋을 잃고 두 사람 앞에 엎드렸다.

군청을 제압한 항량은 고을의 유지들을 소집하여 거사의 이유를 설명하고 협력을 요청했다. 이리하여 항량과 항우는 오중의 병력을 장악한 뒤에 반란을 일으켰고 정병 8,000명을 장악했다.

이 때 각 제후국의 근거지에서 반란이 일어났기에 초나라 지역은 초군, 조나라 지역은 조군, 제나라 지역은 제군, 이런 식으로 부르고 있었다. 항량과 항우는 물론이고 유방도 모두 옛 초나라 출신이었으므로 반란군 중에 초군의 세력이 가장 강했다.

항우는 숙부 항량이 진제국과의 싸움에서 전사하자 원수를 갚기 위해 유방과 함께 함양을 공격하겠다고 나섰다. 그러나 초나라 왕은 "관중을 먼저 함락하는 자가 관중의 왕이 된다." 는 약속을 하면서 함양공격을 허락하지 않았다. 이 일로 항우는 초왕에게 불만을 품게 되었다.

항우는 거록성을 구원하자는 의견에 반대한 송의를 죽이고 대장군이 되어 거록성을 구했다. 거록성을 구한 항우는 거록대첩으로 제후국 전체 40만 대군을 통솔하는 대장군이 되었다.

항우는 계속 서쪽으로 진군했으나 이미 함양을 공략한 유방이 함곡관을 열어주지 않아 진입할 수가 없었다. 항우는 유방의 야심을 알아채고 유방을 공격하려 했다. 냉철한 유방은 현실을 직시하고 수치를 무릅쓰고 항우를 찾아 홍문에 나아갔다.

"저는 장군과 함께 힘을 합쳐 진제국을 공격했습니다. 장군께서는 황하 북쪽에서 싸웠고 저는 황하 남쪽에서 싸웠습니다. 예기치

항우는 일이 성사되지 않아 범증을 쫓아냈다.

않게 제가 먼저 함곡관을 뚫어 함양을 함락시키고 오늘 여기서 장
군을 뵙게 되었습니다."

범증은 유방을 제거할 수 있는 절호의 기회라고 판단하여 연회
를 베풀었고 그 자리에 자객에게 검무를 추게 하면서 항우의 결단
을 재촉하고 있었다. 유방의 목숨은 풍전등화의 위기를 맞고 있었
다. 그러나 이 때 이를 눈치 챈 장량이 유방의 호위무장인 번쾌를
불러 들였다. 번개같이 날아든 번쾌는 됫박만한 술잔으로 술을 벌
컥벌컥 머시고 피가 떨어지는 돼지고기를 칼로 쓱 베어서는 모조
리 먹어치운 다음 유방에게 상을 주지는 못할망정 그를 죽이자고
하는 항우의 처사가 얼마나 용렬한 것인지 항우를 가차없이 질책
했다. 항우가 멈칫하고 있는 사이 유방은 필사적으로 도주하여 위
기를 모면했다. 범증이 발을 동동 굴렀으나 이미 허사였다. 이 일
이 바로 '홍문연'이다.

항우와 범증에게는 제일 큰 두통거리가 남아 있었다. 장차 패공
유방이 천하를 정복하지나 않을까 하는 것이었다.

이에 범증은 주도면밀한 계획을 세웠다.

"파(巴)와 촉(蜀)은 길이 험하여 교통이 불편하고 게다가 촉나라
에는 진의 유배자들이 많이 들끓고 있지 않습니까? 패공 유방에게
는 그 땅을 주기로 하시죠."

이리하여 항우는 유방에게 파, 촉, 한중의 땅을 제공하여 한왕에 임명한 뒤 남정에 도읍을 정하도록 했다.

항우는 아홉 개 군(郡)을 영지로 하여 팽성에 도읍을 정하고 자신은 서초패왕이라 칭했다.

항우가 제나라 지역이 자기의 말을 듣지 않고 반기를 들었다며 닥치는 대로 약탈하고 불을 지르며 백성들을 진압하고 있을 때 유방은 부지런히 부국강병의 체제를 정비하고 있었다.

그리하여 항우와 유방은 대치상태에 놓이게 되었다. 당시 항우의 용맹을 따를 장수는 없었다. 첫 번째 싸움에서 유방은 크게 패하여 유방의 아버지 태공과 부인이 사로잡히고 말았다. 재차 싸움이 시작되려 할 때 태공과 여부인을 유방의 진영에서 보이는 곳에 올려 앉혀놓고 큰 소리로 외쳤다.

"항복하지 않으면 네가 보는 앞에서 네 아비를 죽일 것이다. 어떻게 하겠느냐?"

그러나 유방도 배짱 있는 사내였다.

"너와 나는 지난 날 의형제를 맺었던 사이. 그러니 나의 아버지가 곧 너의 아버지가 아닌가. 제 아버지를 죽이고 말겠다니 재미있구나. 형제의 의로 봐서도 나에게 그 고깃국 한 그릇쯤 보내주겠지?"

항우는 말문이 막혀버렸다. 옆에 있던 항우의 숙부 항백이 항우에게 말했다.

"천하를 다투는 마당에 집안일 같은 것이 문제가 되겠는가? 태공을 죽인다 해도 유방은 끔쩍 안 할 것이다. 공연히 세상에 소문만 나쁘게 날 것이니 그만두어라."

이리하여 항우는 태공을 죽이려다가 그만 두었다. 성미가 급한 항우는 참을 수가 없어서 또 전날처럼 유방의 진영에 대고 큰 소리로 외쳤다.

"천하는 어지럽다. 죄 없는 백성들만 괴롭힐 것 없이 너와 나만이라도 자웅을 결판내자."

유방은 비웃듯이 대꾸했다.

"나는 지혜로 싸우리라. 완력으로 싸우는 것은 싫다. 힘으로 싸운다는 것은 어리석은 자들이 하는 짓이다."

유방은 그야말로 항우를 놀려대고 욕지거리를 퍼부었다.

항우는 약이 오를 대로 올랐다. 숨겨둔 석궁을 꺼내 유방을 겨냥하고 힘껏 쏘았다.

유방은 가슴에 상처를 입었지만 짐짓 아무렇지도 않다는 듯 발끝을 쓰다듬으며 이렇게 외쳤다.

"저런 야만인을 봤나! 어른의 발바닥을 겨누다니."

항우는 초나라의 명문 출신으로 그런 모욕을 참을 수 없었다.

유방은 심리전을 꾀한 것이다. 마침내 한 초의 운명을 결정짓는 최후의 싸움이 막을 올렸다.

항우의 군사는 해하(垓下)에서 농성하였으나 이미 전력은 저하되었고 식량도 바닥이 나 있었다. 그런 상황에 성 주위는 유방의 군과 제후의 연합군에 의하여 물샐틈없이 포위당했다.

항우는 어둠을 틈타 포위망을 뚫고 남쪽을 향해 쏜살같이 도망갔다. 새벽녘이 되어서야 한나라 군은 항우가 탈주했다는 것을 알았다. 항우는 장강 연안의 오강으로 향했다. 그곳에서 다시 장강을 건너 동쪽으로 달아날 생각이었다. 나루터에서 오강의 뱃사공이 배를 준비하고 기다리고 있다가 항우의 얼굴을 알아보고 이렇게 말했다.

"강동의 땅은 넓지는 않습니다. 그래도 사방천리 인구가 수십만을 헤아립니다. 그곳에 가시면 또 한 번은 거병하실 수도 있을 겁니다. 자 어서 배에 오르십시오. 배는 이 한 척 뿐이니 군사들은 뒤쫓아 오더라도 강을 건너지 못합니다."

그러나 항우는 쓴 웃음을 지었다.

"아니야. 그만두겠어. 난 하늘의 버림을 받은 몸일세. 강을 건너간다고 하여 무슨 수가 생기겠는가. 강동으로 말하면 내가 그곳 젊은이 8,000명을 이끌고 처음으로 거사한 땅이 아닌가. 그 8천명이 다 죽고 나 혼자 살아남아서 여기까지 온 것일세. 죽은 젊은이 가족들이 설령 나를 반겨준다고 하더라도 나로서는 그들을 대할 낯이 없다네."

항우는 다시 뱃사공에게 부탁했다.

"자네를 사나이로 믿고 부탁하겠네. 이건 내가 5년간을 타고 다닌 애지중지하는 말이네. 이놈이 내딛는 곳에 적이 없었고 하루에도 천리를 달렸어. 아무래도 내 손으로는 죽일 수 없으니 자네가 좀 맡아주게."

항우는 말에서 내리면서 부하들에게도 말을 버리라고 명령했다. 전원은 칼을 잡고 한 덩어리가 되어서 추격해 온 한나라 군사를 향해 달려갔다. 항우 혼자서 죽인 한나라 군사만 해도 수백 명에 이르렀고 그 자신도 10여 군데 부상을 입었다.

싸우다가 문득 한쪽을 보니 한나라 군의 기병대장 여마동이 서 있었다.

"여보게. 자네는 내 옛 친구가 아닌가." 여마동은 항우와 얼굴을 마주하기 거북했지만 항우가 이렇게 소리쳤으므로 하는 수 없이

"저게 항우야." 하고 옆에 있던 와예에게 말했다.

"한왕 유방이 내 목에 막대한 상금을 걸어 나를 잡으면 현상금

1,000금과 만호후(萬戶侯) 봉한다고 약속했다더군. 이왕 잡혀 죽을 바에야 옛 친구인 자네에게 공을 세워 주겠네."

항우는 이 말을 함과 동시에 그의 면전에서 스스로 자기 목을 쳤다. 항우의 나이 불과 서른 하나였다.

왕예가 재빨리 달려와 그 목을 움켜쥐었다. 이를 본 기병들도 일시에 밀어닥쳐 엎치락뒤치락 하면서 항우의 사지를 하나씩 차지하였다. 유방은 1만호의 봉읍지를 다섯 토막으로 나눠 다섯 명의 공신들에게 분배했다.

초한상전.

이것이 바로 초의 영토가 다섯으로 분봉(分封)되는 원인이 되었다.

항우의 최후는 영웅에 손색이 없는 장렬한 모습이었다. 그의 생애를 보면 그는 시대의 흐름에 편승해서 농민봉기 와중에서 두각을 나타내기 시작했고 마침내 진나라를 멸망시키고 천하를 분할하여 왕후(王侯)를 봉하고 자신이 천하에 호령하는 패왕의 자리에 올랐다. 뜻을 완성하지는 못했다 치더라도 과거 수백 년에 걸쳐 이만한 인물은 없었다고 해도 과언이 아니다.

30. 책략에 뛰어난 책사 장량
(張良 기원전?~186년)

장량은 한고조 유방의 중요한 책사이다.
그는 한나라의 삼걸(三杰)의 하나로 서한 초기 저명한
정치가 군사가로 그의 지혜가 천하에 알려졌다.

한제국 6년 봄, 고조가 낙양의 남궁에 머물던 어느 날 장군들은
정원에 무리지어 앉아 무슨 말인지 쑥덕거리는 것이었다.

고조는 장량에게 이렇게 물었다.

"저자들은 무슨 쑥덕공론을 저렇게 하고 있소?" "모르시겠습니
까? 반란을 모의하고 있는 중입니다."

"천하가 안정되었는데 반란은 또 무슨 반란이란 말이오?"

"폐하께서는 한낱 서민에서 일어나서 저 사람들을 부려 천하를
장악하셨습니다. 그런데 폐하께서 천자가 되신 후에 봉지를 받은

자들은 소하나 조참처럼 옛날부터 폐하의 의중에 들어 있던 사람들입니다. 지금 담당자가 개개인의 공적을 가려내고 있는 중입니다. 필요한 봉지를 총계하면 천하의 땅덩어리를 다 내주어도 모자랄 지경입니다. 저 사람들은 폐하께서 자기들 전원에게 봉지를 내리시지는 못할 것 같으니 과거의 과오를 들추어내어 오히려 벌을 주지 않을까 두려워하며 모여앉아 반란을 모의하고 있는 것입니다."

"어떻게 하면 좋소?" 하고 고조가 묻자, 장량은

"폐하께서 평소에 제일 못마땅해 하셨고 그것을 그들도 다 아는 그런 인물이 있다면……"

"그야 옹치지. 나는 옹치에게 옛날부터 좋지 못한 감정을 갖고 있었지. 그자는 나를 여러 번 골탕 먹였거든. 지금이라도 죽여 버리고 싶은데 공적이 크기 때문에 참고 있는 중이오."

"그러시면 먼저 옹치에게 봉지를 내리시고 군신이 모인 자리에서 그점을 발표하여 주십시오. 옹치가 봉지를 받았다고 하면 다른 사람들의 마음도 저절로 편안해질 것입니다."

고조는 연회를 베풀고 옹치를 십방후에 봉하는 한편 승상과 어사를 독촉하여 논공행상을 빠른 시일 내에 진척시키도록 할 것도 그 자리에서 발표했다. 군신들은 술잔을 내려놓고 환호성을 질렀다.

고조는 장량의 조언에 따라 공적의 크고 작음을 논하여 그에 걸맞은 상을 주었다.

고조 유방은 만년에 후계자를 둘러싸고 끝없는 암투가 벌어졌다. 여후의 소생 요혜가 태자로 책봉되어 있었으나 고조는 애첩 척부인의 소생 여의(如意)를 태자에 책립하려 하였다.

이 때 궁지에 몰린 여후를 도운 것이 장량이었다.

장량은 한(韓)나라 왕족출신으로 조국이 진나라에 망하자 진시황 암살을 도모하려다 실패한 장량은 유방진영에 가담하여 재사(才士)가 된 인물이다.

장량은 월등한 군사력을 보유한 항우가 명분 때문에 순순히 천하를 양보하지 않을 것이라는 점을 명철하게 판단하고 유방이 관중 땅에 먼저 입성했다는 사실에 취해 전체국면을 보지 못하면 대세를 그르친다고 판단했다. 따라서 그는 유방에게 약탈을 일절 금하고 장악하고 있는 관중 땅을 항우에게 내주어야 한다고 주장했다. 군세가 항우에 비해 절대적으로 열세인 상황에서 관중 땅을 욕심냄으로써 항우를 자극하여 전면전을 벌이는 것은 대단히 위험한 일이었던 것이다. 또 점령군으로서 은혜를 베풀면 인심을 얻게 된다는 정치적 계산도 숨어 있었다. 뒤이어 관중에 입성한 항우군이 약탈과 방화를 일삼아 민심을 잃으면서 유방은 비로소 황제의 평가를 받기 시작했다.

　장량은 전투에서 지더라도 전쟁에서 이기는 큰 그림을 그릴 줄 알았다. 병법에도 공심위상(攻心爲上 상대마음을 공략하는 것이 상책이

장량은 세심하게 병법을 연구하고 있다.

다)이 최고의 전략이라고 했다. 유방은 관중땅을 포기했지만 민심을 얻었고 반면에 항우는 관중땅을 얻었지만 민심을 잃었다.

그 후 홍문에서 유방을 구한 장량은 한나라의 서울을 진(秦)나라의 옛터인 관중으로 정하고자 한 유의 주장을 지지했다. 소하와 함께 책략에 뛰어난 한제국 창건에 힘썼고 그 공으로 유후에 책봉되었다.

유후 장량은 스스로 "우리 집안은 대대로 한(韓)나라 소후, 선혜왕 등의 5대에 걸쳐 승상을 지내왔다. 한나라가 멸망했을 때 나는 만금을 던져서 원수인 진(秦)나라에 보복을 감행하여 천하를 놀라게 한 적도 있었다. 지금은 이 세치의 혀끝으로 제황의 신하가 되었으며 1만호의 봉지를 배수하여 열후의 자리에도 앉았다. 한낱 서민의 자리로 떨어져 버렸던 몸으로 이보다 더한 영달이 어디 있겠는가. 난 이것으로 충분하다. 장차 속세를 버리고 적송자(신농 때 비를 다스렸다는 신선 이름)처럼 선계에서 살고 싶다."

이렇게 이야기하고는 곡식으로 만든 모든 음식을 끊고 도인의 법에만 전념했다.

고조가 승하하고 태자가 뒤를 잇자 장량을 은인으로서 존대했던 여후는 그의 건강이 염려되어 제발 음식을 먹으라고 강권했다.

"인생은 한번 뿐이오. 그것도 눈 깜짝할 사이에 지나가오. 무엇

자량이 노인의 신이 벗겨진 것을 주어서 공손히 신겨 주고 있다.

을 바라기에 그처럼 당신 자신을 괴롭히시는지 알 수 없소."

　장량은 마침내 거절하지 못하고 음식을 먹기 시작했다. 고조가 붕어한지 8년 뒤에 장량도 세상을 떠났다. 고조 유방이 죽은 기원전 195년부터 거의 백년간은 절대 군주로서 황제권을 확립하고 또한 황제를 정점으로 하여 그 밑에 층층으로 관료계급이 정비되고 황제는 관료군을 뜻대로 움직였다. 이러한 통치기구는 그 뒤 2천년간 중국에서 흥망한 모든 왕조에 계승되었다. 한(漢)이라는 한(漢)왕조의 호칭이 한자(漢字)라든가 '한민족(漢民族)'이라는 대명사가 된 것만 봐도 이 시대가 후대에게 커다란 영향을 주었다는 사실을, 충분히 알 수 있다.

31. 처세술로 의심을 피한 재상 소하(蕭何 기원전?~193년)

한제국 건설 초기에는 반란이 끊이지 않았다.
잇따른 반란을 진압하기 위해 고조 유방은 수도를 비울 때가
많았다. 그러는 동안 대권을 위임받아 내정을 담당한
사람이 바로 소하였다.

소하는 한 번도 전쟁터에 나간 일이 없이 오직 내정 면에서 한제
국의 창건에 공헌한 사람이다. 그는 고조에게 제일 의심을 받을 만
한 자리에 있으면서도 가장 두터운 신임을 받았다. 그는 오히려 고
조를 통해 조정에서 자기의 이상을 실현하려고 했다.

진희의 반란을 진압하기 위하여 고조가 수도를 비웠을 때 수도
에서는 한신이 반역을 기도했지만 수도를 책임지고 있던 소하의
계략에 의하여 무사할 수 있었다. 고조는 고향에서 보고를 받자 사
자를 보내 소하를 상국(相國)으로 승상시켜 5,000호의 영지를 하사

하는 한편 도위를 우두머리로 하는 500여명의 호위병을 그에게 붙여 주었다.

그러나 소하는 이것을 받지 않고 그대로 군비로 헌납하였으며 고조는 소하의 이러한 태도가 매우 만족스러웠다.

그러한 소하도 고조의 의심을 받기에 쉬운 위치였기에 고조에게 한 점의 의혹도 품지 않게 하려고 항시 처세에 신중을 다하고 있었다.

하루는 어떤 식객이 이렇게 말하였다.

"머지않아 상국의 일족이 몰살을 당하실 듯합니다. 본래 당신은 상국의 지위에 있고 국가에 대한 공적도 최고 위치에 있습니다. 게다가 상국께서는 지난 10여 년 동안 이 관중에 머물러 민심의 장악에 힘써 오셨습니다. 민심은 당신을 따르고 있고 당신도 민생안정에 공헌한 바 큽니다. 때문에 폐하께서 자주 사람을 보내는 것도 무리가 아닙니다. 상국이 국내에서 반역이라도 획책하지 않을까 경계하시기 때문입니다. 이렇게 하시면 어떨까요? 전답을 마구 싸게 사들이면서 대금 지불을 질질 끌어 당신에 대한 명망을 스스로 떨어뜨리십시오. 그러면 폐하도 안심하실 것입니다."

소하는 그의 충고대로 했다. 과연 고조는 경계를 풀고 내심 흡족해 했다.

고조가 경포의 난을 토벌하고 귀국길에 올랐을 때다. 도중에 사람들이 길을 막고 상소를 올렸다. 상국 소하가 백성들의 전답을 돈으로 따져 1만금 가까이 강제로 사들였다는 내용이었다. 귀국 뒤 소하가 나타나자 고조는 웃으며 물었다

"귀공은 백성들의 전답을 착취해 돈 꽤나 모았다면서!"

하고 사람들의 탄원서를 넘겨주었다.

"상국이 직접 가서 사과하는 편이 좋을 것이오."

소하는 이 때라고 생각하고 이렇게 소망을 피력했다.

소하가 상국이 되었다는 소식을 들은 한 식객이 찾아와 소하에게 충고한다.

"장안에는 농지가 많이 부족한 형편입니다. 그런데 상림의 금원에는 광대한 토지가 놀고 있습니다. 이것을 백성들에게 개방해 주십시오. 그리고 농작물을 걷어 들일 때 짚을 베지 말고 그대로 두게 하십시오. 그러면 새나 짐승의 먹이도 될 것이니 두루 좋은 일이 아니겠습니까?"

하지만 고조는 별안간 안색을 달리했다.

"귀공은 상인들에게 뇌물이라도 받아먹은 것이오? 내 정원을 내놓으라니."

이렇게 꾸짖은 뒤 소하를 옥에 가두었다.

며칠이 지나 왕 씨 시종무관이 고조 앞에 나아가 아뢰었다.

"소하에게 무슨 중죄가 있기에 별안간 투옥시키셨는지요?"

"진나라 대신 이사(李斯)는 좋은 일은 모두 군주의 덕으로 돌리고 나쁜 일만 모두 자기의 탓으로 떠맡았다고 들었는데 이 소하라는 자는 상인들에게 뇌물을 받아먹고는 내 정원을 개방하라는 군. 그래서 내가 잡아넣고 죄명을 규명해 볼 생각이지."

이에 시종무관은 이렇게 말했다.

"소신은 폐하의 그 말씀을 납득하기가 어렵습니다. 백성에게 보탬이 될 만한 일을 소청하는 것은 재상으로서 당연한 일이 아니겠습니까? 그런데 어찌 상인들에게서 뇌물을 받아먹었다고 의심하

시는지 모르겠습니다. 폐하께서 여러 해 동안이나 전쟁터에 나가
계실 때에도 그리고 진희나 경포의 반란진압에 친정하셨을 때에도
소하는 줄곧 관중을 지키고 있던 분입니다. 소하가 만일 그런 생각
만 품었더라면 이미 예전에 관중을 손에 넣었을 것입니다. 그런 기
회조차 이용하지 않았던 소하가 이 제와서 장사꾼의 뇌물 따위에
한눈을 팔겠습니까? 진제국이야말로 신하의 충간에 귀를 기울이
지 않았기 때문에 천하를 잃은 것입니다. 이사도 그전 패거리의 한
사람인데 어찌 본보기가 되겠습니까? 소하를 의심하는 것은 너무
가벼운 판단인 것 같습니다."

고조는 불쾌한 표정을 짓기는 했지만 그 날로 명령을 내려 소하
를 석방했다.

고조는 이렇게 말했다.

"이제 좋소. 그대는 백성을 위해 소청했는데 짐은 허락하지 않았
소. 어차피 짐은 걸왕이나 주왕과 같은 폭군이며 그대는 재상이오.
그대를 투옥한 것은 짐의 밝지 못함을 백성들에게 알리기 위함이
었나 보오."

한제국 제2대 황제 효혜제(孝惠帝)때의 일이다. 소하가 병석에 누
웠을 때 그를 방문한 효혜제가 이렇게 물었다.

"상국에게 만일의 경우가 있을 때 그대의 후계자로는 누가 적임

자라고 생각하오?"

소하는 이렇게 대답했다.

"신하의 일을 제일 아시는 분은 바로 주군입니다."

한조고 유방은 백성들의 탄원서를 내보이며 소하를 꾸짖었다.

"그럼 조참은 어떻겠소?"

효혜제가 반문하자 소하는 깊이 머리를 숙이고 이렇게 대답했다.

"지당하신 말씀입니다. 소신은 이제 죽어도 한이 없습니다."

조참은 원래 진(秦)나라의 옥리였으나 유방이 거병하자 그를 따라 한신

소하초상

과 더불어 주로 군사면에서 활약한 인물이다. 몸에 70여 군데의 상처가 있으면서도 진군을 공격하여 한(漢)나라의 통일 대업에 이바지한 공으로 건국 후에는 평향후에 봉해졌으며 이 때 바른 정치를 베풀어 현상으로 일컬어졌다. 조참은 혜제 때 소하의 뒤를 이어 승상이 되었으며 소하가 만든 약법(約法)을 그대로 시행하여 청렴한 재상으로 널리 알려진 인물이다.

소하는 조참과 그리 좋은 관계는 아니었지만 조참은 소하를 대신하여 상국이 되자 소하가 정한 법령을 한결같이 존중하여 한 가지 일도 변경하는 일이 없었다. 이로써 한제국은 400년 왕조의 건설을 향한 기초를 다지게 되었던 것이다.

소하는 진답이나 지택을 징민할 때 고급지를 반드시 피했으며 건물을 화려하게 치장하는 일도 없었다. 그리고 사람들에게 이렇

소하 사당.

게 말했다.

"내 자손들 가운데 싹이 좋은 녀석은 내 절약성을 본받겠지만 그 대신 바보 같은 놈은 대를 잇더라도 이런 집이나 전답이라면 권력 자에게 빼앗기지 않을 것이다."

효혜제 2년 소하가 죽고 문종후(文宗候)란 시호가 내려졌다.

32. 비극 영웅 한신
(韓信 기원전?~196년)

한신은 진조(秦朝)시대 사람으로 중국고대 걸출한 군사가로써
용병에는 신과 같아 싸움에서 한 번도 패전한 적이 없었다.
그는 한낱 서민에서부터 몸을 일으켜
제(齊)나라 왕에 이어 초(楚)나라 왕까지 된 인물이다.

한신은 진조(秦朝)시대 사람으로 중국고대의 걸출한 군사가로써
용병에는 신과 같아 싸움에서 한 번도 패전한 적이 없었다.

그는 한낱 서민에서부터 몸을 일으켜 제(齊)나라 왕에 이어 초(楚)
나라 왕까지 된 인물이다.

한신은 젊은 시절 너무 가난하여 밥을 빌어먹었고 남에게 붙어
살아서 남들처럼 장사를 꾸릴 능력도 없었다.

어느 날, 한신을 업신여기는 한 젊은이가 빈정대며 말하기를 "그
허우대에 장검을 즐겨 차고 있으나 실은 졸장부일 것이다. 죽음이

두렵지 않거든 그 칼로 나를 찌르고 , 죽음이 두렵거든 내 바짓가랑이 밑으로 기어나가라."고 말하였다.

한신은 그를 한참 바라보다가 머리를 숙이고 바짓가랑이 밑으로 기어 나갔다.

그러나 그는 불우했던 젊은 날과는 달리 훗날 유방을 도와 한나라를 건국하는 장군이 되었다. 처음에는 항우의 숙부인 항량과 함께 항우의 진영에 가담하였으나 중용되지 못했다. 이후 유방진영에 가담하고 소하의 추천을 받아 대장군에 임명되었다. 초·한 전쟁 무렵에는 제나라 왕에 봉해졌으며 해하에서 항우를 격파하는 큰 공헌을 했다.

당시 한신이 초왕으로 있을 때 한신에게 항우의 용장인 종리매가 있었다. 과거 전투에서 종리매에게 여러 번 고전을 겪은 유방은 한신에게 그를 체포하도록 명령했으나 한신은 차마 옛 친구를 배반할 수 없어 그 명령을 따르지 않고 그를 감싸고 있었다. 이 사실을 안 자가 한신이 역심(逆心)을 품고 있다고 모함을 했는지 한고조는 진평의 책략에 따라 제후의 군을 소집하였다.

사태가 이렇게 되자 한신은 먼저 유방을 찾아가 만나려고 했다. 그러나 평소에 술수가 남다른 가신이 한신에게 이렇게 말했다.

"종리매의 목을 가지고 배알하시면 천자도 기뻐하시리이다."

그 말을 듣고 그 방법이 낫겠다고 생각한 한신은 그 말을 종리매에게 했다. 그러자 종리매는 "유방이 초를 침범하지 못하는 것은 자네 밑에 있는 내가 있기 때문이네. 그런데 자네가 나를 죽여 유방에게 바친다면 자네도 얼마 안가서 당할 것일세. 자네의 생각이 그 정도라니 내가 정말 잘못 보았네. 자네는 남의 장(長)이 될 그릇은 아니군. 좋아. 내가 죽어주지." 하고 자결하였다.

한신은 자결한 종리매의 목을 가지고 유방에게 바쳤지만 유방은 한신을 포박했다. 이 때 한신은 분에 못 이겨 울부짖었다.

"과연 사람들의 말과도 같도다. 교활한 토끼가 잡히고 나면 좋은 활도 광에 들어가며 충실했던 사냥개도 삶아지며 적국이 타파되면 모신도 망한다. 천하가 평정되었으니 나도 마땅히 팽 당함이로다."

유방은 한나라 건국에 공헌이 컸던 한신을 죽일 수는 없었다. 그래서 죄를 면하는 대신 좌천시켰다.

이런 일도 있었다.

하루는 고조와 한신이 장군들을 품평하는 일이 있었다.

"짐에게는 몇 만 정도의 군사를 지휘할 역량이 있다고 보는가?"

"폐하께서는 기껏해야 10만 정도겠지요." "그러면 귀공은?"

"저는 많으면 많을수록 좋습니다. 용병에는 자신 있습니다."

"그런데 귀공이 왜 나에게 붙잡혔느냐?"

"폐하께서는 군대의 장수가 되실 역량은 없지만 수많은 장수를 거느릴 수 있습니다. 제가 체포된 것도 그 때문입니다. 더욱이 폐하의 경우는 그 재능이 실로 저와는 비교할 수 없는 것이어서 아무나 갖출 수 있는 것이 아닙니다."

이 일로 두 사람 생각에 거리가 생겼다.

유방은 한신의 계략과 앞을 내다보는 선견지명에 감탄했다.

그리고 한신의 계략대로 군대를 편성했다.

한신의 명령에 따라 조나라의 진중으로 들어가 조나라의 기를 뽑아 버리고 한나라의 기를 꽂는 한신의 병사들.

한신은 밤중에 수만 명을 거느리고 동으로 가서 정형 땅을 내려와 조나라를 치려했다.

한신은 밤중에 전령을 내려 민첩한 기병 2천명을 선발했다. 그리고는 기병마다 붉은 기 한 개씩을 갖고 샛길로부터 산속에 들어가 숨어 엎드리게 했다. 그리고 다음과 같이 말했다.

"조나라 군대는 우리가 달아나는 것을 보면 반드시 길을 비워 놓고 쫓아 올 것이다. 그 때 너희들은 재빨리 조나라의 진중으로 들어가 조나라의 기를 뽑아버리고 한나라의 기를 세워라."

한신은 또 군리(군대의 관리)에게도 이렇게 말했다.

조나라 군대는 우리보다 먼저 지세가 유리한 곳에 진지를 쌓았다. 또한 저들은 우리 대장군의 기를 보지 않고는 공격하려고 하지 않을 것이다. 그것은 우리가 지형이 험한 곳에 이르러 들어가 버릴 것을 두려워하기 때문이다."

한신은 먼저 군사 만명을 출동시켜 물을 등지고 진을 치게 했다. 그것을 본 조나라 군사들은 병법을 모르는 자라고 한신을 크게 비웃었다.

새벽에 한신은 대장군의 기를 세우고 북을 치며 행군하여 정형 어위로 나갔다.

조나라 군대는 보루를 열고 공격을 하여 오랫동안 싸움이 계속

되었다. 한신과 장이는 거짓으로 북과 기를 버리고 물위의 군진으로 달아났다. 그리고는 한바탕 격렬하게 싸웠다.

조나라 군사들은 한신의 예상대로 진지를 비워놓고 한나라의 기를 빼앗으려고 한신과 장이를 뒤쫓았으나 두 장수가 물위의 군진으로 들어가자 더 이상 어쩔 수가 없었다.

한편, 한신이 보냈던 기병 2천 명은 조나라의 진지가 빈틈을 노려 진지 안으로 들어가서 조나라의 기를 다 뽑아 버리고 한나라의 붉은 기 2천개를 세워놓았다.

조나라의 군대가 싸움을 그만두고 진지로 돌아가려 하니 그들 진지의 기가 이미 한나라의 기로 바뀌어 있었다. 이것을 보고 군사들은 이미 자기들의 장수들이 모두 사로잡혔을 거라고 생각하고 도망치기에 바빴다.

조나라의 남은 장수들은 군사들의 목을 베어 도망을 막으려고 했으나 막을 수가 없었다. 이 때 한나라의 군사들이 앞뒤에서 협공해서 조나라의 군사들을 여지없이 무찔러 버렸다.

여러 장수들은 적의 포로와 전리품을 바치고 한신에게 물었다.

"병법에 보면 산의 능선을 오른편 뒤쪽으로 하고 연못을 앞쪽 왼편에 두라고 했습니다. 그런데 오늘 장군께서는 물을 뒤쪽에 두고 진을 치게 하고는 '조나라 군대를 쳐부수고 나서 배부르게 먹자' 고 했습니다. 저희들은 그 말을 처음에는 믿지 않았습니다. 그런데 승리하고야 말았습니다. 대체 이 작전은 무엇인지요?" 그러자 한신이 대답했다.

"병법에 있는 것이나, 그대들이 그것을 살피지 않았을 뿐이다.

한신은 젊었을 때 밥을 먹여준 여인을 찾아 후한 상금을 내렸다.

병법에 이르기를 '죽을 곳에 빠트린 후에라야 살게 할 수 있으며 망하는 땅에 두어야 살아남게 할 수 있다'고 했다. 더구나 나는 본디 사대부들을 길들여 따르게 하는 것이 아니고 소위 저자거리의 사람들을 모아다가 싸우게 하는 것이니 그 기세는 그들을 죽을 곳에 두어서 사람들이 스스로 싸우도록 만들지 않는다면 모두 달아날 것이니 어찌, 그들을 쓸 수 있겠는가?"

한신의 말에 장수들은 모두 탄복했다.

"훌륭하십니다. 저희들이 따를 수 없는 계책입니다."

한나라 5년, 초나라를 평정한 유방은 한신을 초나라 임금으로 삼았다. 한신은 초나라 임금이 되어 고향에 들렀다. 그는 그 옛날 그에게 밥을 먹여준 빨래하던 여인을 찾아 후한 상금을 내렸다.

그리고 한신은 자신을 욕보이던 젊은이들 가운데 가랑이 밑으로 기어가라고 시키던 자를 불러 초나라의 중위로 임명하고 여러 신하들과 장수들에게 말했다.

"이 사람은 장사다. 나를 욕보이던 시절에 내가 어찌 이 사람을 죽일 수 없었겠는가? 그를 죽인다 해도 이름을 낼 수 없기에 나는 참고 오늘의 공을 이룬 것이다."

한나리 10년, 유방은 기록성의 진희를 치러 나갔으나 한신은 병을 핑계 삼아 따라 가지 않았다. 그리고 몰래 진희에게 밀서를 보냈다.

"내가 여기서 자네를 돕겠네."

한신은 자기의 부하들과 모의하고 밤에 거짓 조서를 내려 여러
관청의 죄수들을 석방하고 여 황후와 태자를 습격하려 했다. 그런
데 죄수들 가운데 한신에게 죄를 진 자가 있어 한신이 죽이려 하자

한신이 오자 여황후의 무사들이 한신을 묶었다.

죄인의 아우가 한신의 모반 계획을 여황후에게 고자질 했다.

여황후는 한신을 부르려 했으나 그가 오지 않을 것으로 여겨 재상 소하와 의논을 했다. 그리고 신하 한 사람을 유방의 사자처럼 속여 한신에게 이렇게 이르도록 하게 하였다.

"진희는 이미 죽었다."

이에 한신에게 쏠렸던 신하들이 여황후에게 몰려와 축하하였다.

소하는 신하를 통해 한신에게 말하도록 했다.

"비록 병중이라도 참고 궁궐에 들어와 축하하시오."

한신이 여황후의 꾀에 넘어가 여 황후를 뵈러 오자 숨어 있던 무사들이 몰려들어 그를 묶어 버렸다.

한신은 묶인 채 장락궁에서 목이 베어 죽고 말았다.

목이 베이기 전 한신은 이렇게 말했다.

"내 일찍 괴통의 말을 듣지 않은 것이 후회스럽다. 이제 일개 아녀자의 속임수에 떨어졌으니 이어찌 하늘이 시킨 일이 아니겠느냐!"

태사공의 말:

"만약 한신이 도리를 배우고 겸손하여 자기의 공로를 자랑하지 않고 능력을 뽐내지 않았다면 한나라에 대한 그의 공훈은 후세에까지 원훈으로 제사를 받았을 것이다."

33. 죽음을 무겁게 여긴 난포
(欒布)

난포는 서한시대 양(梁)나라 사람으로 양나라 임금 팽월이 평민으로 있을 때 난포와 사귄 적이 있는 친구였다. 난포와 팽월이 가난하여 어렵게 지내던 시절 그들 들은 제나라에서 한 술집 심부름꾼으로 일을 한적이 있다.

그 후 두어 해가 지나 팽월은 도적이 되었고 난포는 남의 꾐에 빠져 연나라로 팔려가 종이 되었다.

난포는 주인집 원수를 갚아준 일로 점차적으로 이름이 널리 알려졌고 마침내 연나라 임금 장도의 눈에 들어 그는 난포를 장군으로 기용 되었다.

연나라가 반란을 일으키자 한나라는 연나라를 정복하고 난포를 사로잡았다.

양나라 임금이 된 팽월이 소식을 듣고 한나라와 교섭을 벌여 난포를 데려와 양나라의 대부로 삼았다.

얼마 후, 난포는 제나라에 사자로 떠났다. 그런데 그가 돌아오기 전에 양나라에서는 큰 사건이 일어났다. 한나라가 팽월을 불러다 가 모반죄를 뒤집어 씌워 삼족을 멸망시켜 버렸다.

그리고 팽월의 목을 베어 장대에 높이 달고 조칙을 내리며 엄하 게 감시했다.

"팽월의 시체를 거두어 돌보는 자가 있으면 그를 무조건 체포하 겠다."

제나라에서 돌아온 난포는 팽월의 머리 앞에 나아가 통곡을 했다.

제나라에 돌아와 이 엄청난 사실을 알게 된 난포는 팽월의 머리 앞에 나아가 사자로 가서 처리한 일을 아뢰고 제사를 지내고 곡을 했다. 그리고 곧 체포되어 한나라 황제 앞으로 끌려갔다.

"네가 팽월과 함께 모반했느냐? 내가 사람의 접근을 금하고 시체를 거두지 말라고 했거늘 네가 어찌하여 제사까지 지내고 곡을 했느냐? 너도 함께 모반한 것이 분명하구나. 이 죄인을 가마솥에 삶아라!"

황제의 꾸지람을 듣고 난 난포가 끓는 가마솥으로 들어가기 전에 뒤돌아보고 입을 열었다.

"원컨대 한 마디만 말하고 죽겠습니다. 허락해주소서!"

"무슨 말이냐? 말해보라!"

"황제께서 팽성에서 곤경에 빠져 있을 때 항우가 서쪽으로 진출하지 못한 까닭은 지금 장대에 목이 걸린 팽왕이 양나라 땅에서 한나라와 힘을 모아 초나라를 괴롭혔기 때문입니다. 그때 팽왕이 한번 머리를 돌려 초나라 편이 되었더라면 한나라는 벌써 멸망했을 겁니다. 그런데 폐하께서는 양나라 군대를 징벌하시어 팽왕이 병이나 서 가지 못하니 모반했다고 의심하고 이토록 가혹한 형벌을 다스렸습니다. 신은 폐하를 위하는 공신들까지도 스스로 위태롭게 생각할까 두렵습니다. 지금 팽왕이 죽었으니 신은 사는 것이 죽는

난포는 끓는 가마솥앞에서 팽월의 원한을 공소하자 한고조는 감동되어 그를 용서했다.

것만 못합니다. 자 어서 삶아 죽이십시오!"

닌포의 말에 황제는 깊이 깨닫고 그를 용서하고 도위라는 벼슬을 내렸다. 그 후 난포는 효문 제때에는 연나라의 재상이 되고 또한 장군이 되었다.

이 무렵 난포는 이렇게 말했다.

"사람이 곤란하고 궁한 때 뜻을 낮추지 못하는 자는 사람이 아니며 부귀한 때 뜻을 알고 너그러이 하지 못하는 것은 현명한 일이 아니다."

난포는 일찍이 덕을 입은 사람에게는 후하게 대접하고 원한이 있는 자는 반드시 법으로 다스렸다. 그는 효령제 5년에 죽었다.

태사공의 말:

"현명한 사람은 자신의 죽음을 무겁게 여긴다. 난포는 팽월을 위해 곡을 하고 끓는 가마솥에 들어가는 것을 마치 집에 돌아가는 듯했다 그는 그가 가야할 곳이 어디인가를 잘 알고 있었으므로 결코 자신의 죽음을 아끼지 않았다. 그리하여 결국 욕되지 않게 살아남아 영화를 누렸다."

34. 신축자재 하는 계포
(季布)

계포는 초나라 사람으로 약자를 돕고 강자를 물리치는 행동으로
나라 안에 이름이 나 있었다. 한 때 초나라 항우는 계포를 장수로 삼아
한나라 군대를 괴롭히기도 했다. 초나라가 망하자 한나라 유방은 천금을 걸고
계포를 체포하려 했다. 그때 계포는 주씨의 집에 숨어 있었다.

어느 날 주씨가 말했다.

"한나라에서 상금을 걸고 장군을 찾고 있습니다. 그들은 수소문
하여 장차 우리 집에 올 것입니다. 장군께서 제 의견을 들어 준다
면 제가 감히 계책을 말씀드리겠습니다. 만일 들을 수 없다면 체포
되기 전에 목을 찔러서 자살하십시오."

계포는 주씨의 계책을 듣기로 했다. 주씨는 계포에게 머리를 깎
게 하고 칼을 씌워 누더기를 입히고 사람들이 알아볼 수 없게 짐을
싣는 큰 수레 속에 넣어서 자기 집 하인 수십 명과 함께 노나라의

다른 주씨 집에 팔았다.

노나라 주씨는 그가 계포라는 것을 알고도 그를 밖으로 데리고 나가 그의 아들에게 계포를 가르키며 말하였다.

"농사에 관한 일을 이 종과 상의하고 반드시 그와 함께 음식을 먹어라."

계포는 한 종으로 가장하고 밭에서 일을 하면서 기회를 기다리고 있다.

그리고 주씨는 곧바로 낙양으로 가서 등공 하후영을 만나 술자리에서 등공에게 말하였다.

"계포에게 무슨 죄가 있기에 황제께서 현상금까지 걸고 잡으려 하십니까?"

등공이 무심코 대답했다.

"계포가 항우를 위하여 자주 황제를 괴롭혔기 때문에 황제께서 그를 원망하여 체포하려는 것이오."

"공이 보기에 계포는 어떤 사람입니까?"

"한마디로 현자(賢者)라고 생각하오." "남의 신하가 된 자는 각기 그 주인을 위해 일을 합니다. 계포가 항우를 위해 일한 것은 그의 직분 때문이었습니다. 항우의 신하라고 해서 모두 죽어야 한단 말씀입니까? 황제께서는 이제 막 천하를 얻으셨습니다. 그런데 자신의 사사로운 원한을 가지고 사람을 현상금까지 걸고 찾으니 천하 사람들에게 도량이 넓지 않음을 보이는 것이나 마찬가지 입니다. 또한 계포는 현명한 사람이므로 한나라가 그를 찾는 일이 이토록 급하면 북쪽 오랑캐 나라로 달아나거나 아니면 남쪽 월나라로 달아날 것입니다. 그것은 장수를 꺼려서 적국을 돕는 일이 됩니다. 공께서는 어찌하여 황제를 위해 이 일을 말씀드리지 않습니까?"

등용은 주제가 옛날부터 기개가 있는 대장부라 생각하고 있었으

주씨는 등공에게 도리를 설명하여 계포가
죄가 없음을 황제께 진언해 줄 것을간청했다.

므로 계포가 그 집에 숨어 있다는 것을 알아차렸다.

"좋소. 내가 황제께 말씀드리겠소."

등공은 시원스레 대답했다. 그 후 등공은 황제가 한가한 틈을 타

서 주씨가 말한 대로 아뢰었다. 등공의 말을 들은 황제는 옳다고

여겨 계포를 용서했다.

주씨는 이 일로하여 그의 이름은 세상에 알려졌다.

계포는 한나라 황제의 부름을 받고 지나간 일을 깊이 사과하고

또 황제는 계포에게 벼슬을 주었다.

고조가 죽고 2세 황제가 등극했다. 이 무렵 흉노의 추장이 여태후에게 글을 올려 욕을 하고 희롱했다. 이에 분노한 태후는 여러 장수들을 모아놓고 이 일을 의논했다.

번쾌가 맨 먼저 입을 열었다.

"신이 10만 대군을 이끌고 나아가 흉노의 가슴을 서늘하게 만들겠습니다."

그러자 계포가 불쑥 나서서 목에 힘을 주어 말했다.

"신이 생각건대 번쾌는 참형에 처해야 합니다. 옛날 고조께서 40만 대군을 거느리고 흉노의 땅 평성에 나아가 고생을 겪으셨습니다. 지금 번쾌가 10만의 군사로 흉노를 친다고 하는데 말도 안 되는 소리입니다. 그것은 태후를 속이는 일입니다. 또한 옛날 진나라는 오랑캐의 징벌을 일삼아 짐승의 무리들이 반기를 들고 일어난 일도 있습니다. 지금 전쟁의 상처가 채 아물지도 않았는데 번쾌가 아첨하여 천하를 또다시 들끓게 하려고 하는군요."

이 때 여러 장수들은 두려워서 가슴이 떨렸고 여태후 역시 흉노를 칠 계획을 그만 두었다.

계포는 하동의 수령이 되있다. 2세 황제 효문세에 어떤 사람이 계포가 현명하다고 추천을 했다. 황제는 그에게 어사대부라는 높은 벼슬을 주려고 했다. 그러나 계포를 시기하는 신하가 계포는 술을 마시면 술버릇이 고약하여 황제의 옆에 두기는 곤란하다고 모함했다.

계포는 어사대부의 벼슬을 받으려고 지방에서 올라와 서울에 한 달간 머물러 있었다. 그런데 그를 다시 지방으로 내려 보내라는 어명이 내려졌다.

계포는 황제 앞에 나아가 아뢰었다.

"신은 공도 없이 선왕의 총애를 입어 하동에서 잘 지내고 있습니다. 그런데 폐하께서 까닭 없이 신을 부르시어 누군가가 신을 현명하다고 속인 자가 있다는 것을 알았습니다. 하오나 신이 조정에 들어 왔는데도 아무 일이 없다는 이유로 지방으로 되돌아가게 되었습니다. 이 또한 신을 헐뜯는 자가 있기 때문입니다. 폐하께서는 한 사람의 칭찬을 들으시고는 신하를 부르시고 또 한 사람의 모함을 들으시고는 신을 보내시니 신은 천하의 선비들이 이 소문을 듣고 폐하의 마음을 엿보는 일이 있을까 참으로 두렵습니다."

황제는 한참 뒤에 입을 열었다.

"하동은 내가 가장 아끼는 지방이오. 그래서 공을 격려하고자 불렀을 뿐이외다."

계포는 하직인사를 올리고 하동 고을로 돌아왔다. 그 무렵 초나라 사람 조구생은 말 잘하는 변사로서 사람을 자주 청하여 그의 세력을 넓히고 돈을 긁어 모았다. 그리고 명성이 높은 두 장군과도 사이가 좋았다. 계포가 그 소문을 듣고 두 장군에게 편지를 보냈다.

"내가 들으니 조구생은 결코 좋은 사람이 못됩니다. 그와 사귀지 마십시오."

조구생은 그 전부터 계포를 만나려 했으나 소개하는 사람이 없었다. 그래서 두 장군에게 소개장을 부탁했다. 그러자 두 장군이 말했다.

"계포는 공을 좋아하지 않으니 공은 가지 마시오."

그러나 조구생은 두 장군을 졸라 소개장을 얻어가지고 계포를 만나러 갔다.

조구생은 먼저 계포에게 소개장부터 전하고 한참 뒤에 직접 만나러 갔다.

계포는 매우 언짢아하며 조구생을 기다리고 있었다. 조구생은 계포를 만나자마자 두 손을 읍하고 입을 열었다.

"초나라 사람의 말에 의하면 '황금 백근을 얻는 것이 계포의 말 한마디 얻는 것만 못하다' 고 합니다. 공께서는 어떻게 하여 이와 같은 명성을 초나라와 양나라 땅에서 얻으셨습니까? 그리고 나도 초나라 사람이고 공 또한 초나라 사람입니다. 내가 천하를 두루 돌아다니며 공의 명성을 더욱 칭송한다면 공의 명성은 천하에 떨치게 될 것입니다. 그런데 공께서는 왜 나를 그토록 천대하시려 하십니까?"

계포는 조구생의 말을 듣고 매우 기뻐하였다. 계포는 그를 극진히 대우했다. 그 후, 조구생은 기회만 있으면 계포의 칭송을 늘어놓고 다녔다. 계포가 세상에 널리 알려진 데는 조구생의 공로가 컸다.

35. 황제의 사과를 받은 장석지(張釋之)

장석지는 서한시대 자양사람으로 기량이라는 벼슬을 얻어
한나라 효문제를 섬기었다. 그는 효문제를 10년 동안이나 섬겼으나 벼슬이
오르지 않아 그만 두려고 했다.

이것을 알게 된 효문제가 장석지를 불러 물었다.

"평범하면서도 당장 시행할 수 있는 일을 말하라!"

장석지는 진나라가 천하를 잃게 된 까닭과 한나라가 발전할 수 있는 원인을 설명했다. 효문제는 매우 기뻐했고 장석지의 벼슬을 높여 주었다.

어느 날, 장석지가 효문제를 수행하여 동물원에 나아가 호랑이 우리에 닿았다. 효문제는 동물원 원장에게 짐승의 기록에 관한 10여 가지를 물었다. 그러나 원장은 우물쭈물할 뿐 대답을 하지 못했

다.

효문제는 동물원 원장을 해고하라고 장석지에게 명했다. 이 때 장석지는 한참 뒤 효문제에게 물었다.

"폐하께옵서는 강후 주발을 어떠한 신하라고 생각하시옵니까?"

"그 사람은 덕망이 뛰어난 사람이오."

"그렇다면 장상여는 어떻다고 생각하옵니까?"

"그 사람도 그렇소."

"폐하께서는 강후와 장상여를 덕망이 뛰어난 사람이라고 칭찬하셨습니다. 하오나 두 사람은 나라의 일을 말할 때 자신들의 주장을 제대로 표현하지 못했습니다. 동물원 관리의 유들유들하고 유창한 답변과는 전혀 달랐던 것입니다. 진나라는 법을 다루는 관리들을 크게 등용시킨 까닭에 그들이 앞을 다투어 아주 작은 일까지 서로 앞장서려고 하여 그 폐단으로 문서만 채우고 마는 결과를 낳았을 뿐 실제로 백성들에게 봉사하지 않았습니다. 그리하여 진나라 황제는 자신의 과실에 대해 아무 말도 못한 채 국운이 날로 기울어져 2세 황제에 이르러 나라가 찌그러진 것입니다. 지금 폐하께서는 동물원 관리의 말솜씨를 칭찬하시고 그를 동물원 원장으로 벼슬을 높이라 하시는데 이는 관리 승진의 법을 무시하는 것으로 신은 앞으로 모든 관청에서 말솜씨만을 숭상하고 사람 됨됨이를 따르지 않을까 걱정이 됩니다. 아랫사람이 윗사람에게 영향 받은 것은 그림자나 메아리보다도 빠른 것입니다. 폐하께서는 신중하게 생각하소서."

효문제가 이 말을 듣고 옳다고 여겨 동물원 원장에 대한 해고를 취소했다.

어느 날, 태자와 양나라 임금이 함께 수레를 타고 대궐로 들어오는데 사마문에서 내리지 않았다. 이에 장석지는 태자와 양나라 임금의 수레를 멈추게 하고 그들을 황제가 있는 대궐에 들어가지 못하도록 했다. 게다가 두 사람이 사마문에서 내리지 않은 것을 탄핵하고 황제에 대한 불평 죄로 다스리려고 했다.

태후가 이 소식을 듣고 효문제에게 청을 넣어 태자와 양나라 임금의 불평 죄를 면해주도록 호소했다. 이에 효문제는 장석지에게 사과했다.

"짐이 아들을 교육시키는 데 소홀했소. 너그러이 용서하시오."

그제야 장석지는 태자와 양나라 임금을 사면해 주었다. 효문제는 이 일로 하여 장석지를 뛰어난 인물로 보고 벼슬을 높여 중대부로 삼았다.

어느 날, 황제가 궁궐을 떠나 장인 북쪽에 있는 중위교를 지날 때였다. 다리 아래쪽에서 한 사람이 뛰어 나오는 바람에 황제가 탄 수레를 끄는 말이 놀라 바둥거렸다.

　효문제는 그 사람을 잡아다가 중벌을 내리도록 했고, 장석지는 범인을 잡아다가 심문을 했다.

　"소인은 황제의 행차 소리를 듣고 다리 밑으로 숨었습니다. 한참 동안 숨을 죽이고 기어 나왔다가 황제의 행차를 보고 당황하여 달아났을 뿐입니다."

　장석지는 범인에게 벌금형의 가벼운 벌을 내렸다. 이에 효문제

다리 밑에서 한 사람이 뛰어 나오는 바람에 황제가 탄 수레를 끄는 말이 놀라 뛰었다.

는 화가 나서 장석지를 나무랐다.

"그 자는 황제의 말을 놀라게 했다. 말이 순했기에 망정이지 만일 다른 말이었다면 짐이 다치지 않았겠느냐! 그런데 가벼운 벌금형이라니 말이 되는가?"

장석지가 대답하였다.

"법은 황제께서 모든 백성이 함께 지키는 것입니다. 지금 신은 범인을 법에 따라 벌을 정했습니다. 그런데 폐하께서 중벌을 내리신다면 법이 백성에게 신용을 얻지 못하게 만드는 결과가 되옵니다. 황제께서 그 자를 벌 주시려 했으면 바로 그 즉시 죽이도록 하셨으면 그만입니다. 하지만 그 자를 신에게 내려 다스리도록 했습니다. 신의 벼슬인 정위는 천하에서 가장 공평해야 하는 자리입니다. 정위가 한 번 법을 잘 못 적용하면 천하에서 법을 사용함에 있어 어떤 때는 가볍고 어떤 때는 무겁게 제멋대로 써서 기강이 무너질 것입니다. 폐하께서 헤아려 주옵소서."

한참 뒤 황제가 말했다.

"정위의 판결이 옳도다."

그 뒤 종묘의 좌대 앞에 있는 옥가락지를 훔친 범인이 체포되었다. 효문제는 몹시 화가 나서 정위에게 범인의 죄를 다스리게 했다. 정위 장석지는 법에 따라 사형을 내렸다. 효문제는 정위의 판

장석지는 사직의 의미로 관을 벗고 머리를 조아리며 황제에게 사죄했다.

결에 불같이 화를 냈다.

"그 자는 종묘의 기물을 훔친 자이다. 짐이 정위에게 그 자를 맡긴 것은 일족을 멸하는 벌을 주라고 한 것이다."

장석지는 사직의 의미로 관을 벗고 머리를 조아리며 사죄했다.

"법에 따라 그와 같은 벌로도 충분합니다. 지금 종묘의 기물을 훔쳤다하여 일족을 멸하는 벌을 내린다면 가령 한 어리석은 백성이 고조의 묘를 파내고 도굴한다면 폐하께서는 그 자에게 어떻게 법을 가중하여 처벌 할 수 있겠습니까?"

한참 뒤 효문제는 태후와 의논한 뒤 정위의 판결이 옳다고 동의했다.

얼마 후 효문제가 죽고 태자가 등극하여 경제가 되었다. 장석지는 옛날 공거령으로 있을 때 태자에게 불경죄를 내리고 탄핵한 일이 있어 벼슬을 그만두고 조정을 떠나려 했다.

장석지는 옛날 황제나 노자에 대해 잘 아는 왕생을 통해 효경제에게 사죄했다. 그러나 효경제는 장석지에게 옛 일을 따지지 않았다.

어느 날 조정에서 왕생은 대신들이 늘어서 있는 가운데 장석지에게 이렇게 말했다.

"내 신발 끈이 풀어졌네. 나를 위해 신발 끈을 매어주게."

장석지는 아무 말없이 무릎을 꿇고 왕생의 신발 끈을 매어 주었다. 이 일이 있은 뒤 어떤 사람이 왕생에게 물었다.

"어찌하여 조정에서 장정위를 욕보였습니까?"

그러자 왕생은 이렇게 말했다.

나는 늙고 천한 사람이오. 스스로 생각해 봐도 장정위에게 아무런 도움을 줄 수가 없소. 정위는 지금 천하에 이름난 신하로서 내가 고의로 그를 욕보여 천하 사람들이 그를 존중하게 한거요."

이 말을 들은 벼슬아치들은 왕생을 현명한 사람이라고 칭찬하고 장석지를 존경하였다.

장석지는 효경제를 한 해 남짓 섬기다가 회남왕의 재상이 되었다. 그가 외지로 떠난 것은 옛날의 탄핵사건 때문이었다. 장석지는 그 뒤에도 오래 살다가 세상을 떠났다.

태사공의 말:

"장석지의 장자에 대한 말은 법을 지키려고 한 말이거니와 황제의 뜻에 아부하는 것이 아니었다. 또한 〈상서〉에 '치우침이 없고 파당을 만들지 아니하니 왕도는 넓고 크며 파당을 만들지 아니하고 치우침이 없으니 왕도는 공평하구나' 라는 구절이 있다. 장석지는 이 말에 가깝게 행동했다."

36. 공명정대한 풍당(馮唐)

풍당은 서한시대 조나라 사람이다. 그는 효성으로 이름이나
벼슬을 얻어 효문제를 섬긴 신하이다.

어느 날, 효문제가 낭서를 지나는 길에 수행하는 풍당에게 물었
다.

"노인은 어떻게 벼슬을 얻었소? 그리고 댁은 어디요?"

풍당은 자기집 내력을 자세히 설명해 주었다. 그러자 효문제가
이렇게 말하였다.

"내가 대(代)국에 머물 적에 고겁이란 사람이 자주 조나라 장수
이제의 현명함과 거족의 전투를 이야기해 주었소. 지금도 나는 기
끔 거족 땅에 마음이 가곤 한다오. 노인도 그 이야기를 알고 있

한무제가 차에서 풍당을 만나자 그와 담론하고 있다.

소?"

이에 풍당이 대답했다.

"이제는 염파와 이목 같은 장수보다 못난 줄 아옵니다."

"무엇 때문에 그렇소?" 그러자 풍당은 답하였다. "신의 할아버지께서 조나라 관리로 있으면서 이목과 친분이 있었습니다. 또 신의 아버지는 옛날 대국의 재상으로 조나라 장수 이제와 친분이 있었습니다. 그리하여 그들의 사람됨을 잘 알고 있습니다."

효문제는 염파, 이목의 사람됨을 전부터 듣고 있던 터라 대단히 기뻐하며 말하였다.

"아깝도다. 나는 염파, 이목을 얻어 나의 장수로 삼을 수 없단 말인가? 그들이라면 흉노족으로 인하여 걱정할 필요가 없을 터인데 말이다."

그러자 풍당이 이렇게 말하였다.

"신이 죽음을 무릅쓰고 아룁니다. 폐하께서는 염파, 이목을 얻으신다 하더라도 그들을 채용하지 못하실 것입니다."

이 말에 효문제는 성이 나서 궁궐로 들어가 버렸다. 한참 지난 후에 효문제가 풍당을 불러 꾸짖었다.

"공은 어찌하여 많은 신하들 앞에서 나를 욕보이는가? 공과 단둘이 있을 때 말할 수도 있지 않은가?"

풍당이 사죄하고 이렇게 말했다.

"신은 미천한 사람이라 가려야 할 것에 대해 잘 모르고 있사옵니다."

그 당시 흉노의 대군이 조나라 땅에 쳐들어와 북지군의 도위 손앙을 살해했다. 효문제는 흉노의 침략에 마음이 쓰여 불현 듯 다시 풍당을 불렀다.

"공은 이찌하여 내가 염파, 이목을 채용 할 수 없다는 것을 알았는가?"

풍당은 효문제에게 장령을 어떻게 채용할 것인가에 대해 설명했다.

이에 풍당은 이렇게 대답했다.

"신이 듣건대 상고시대의 왕자는 장수를 전쟁에 보내면서 무릎을 꿇고 수레의 버팀목을 밀어주면서 '조정 안의 일은 과인이 다스리지만 조정 바깥의 일은 장군이 다스리시오. 그리고 일체의 군사에 대한 논공행상은 모두 장군이 결정하고 돌아와 나에게 보고하시오.'라고 말했다 하옵니다. 이것은 헛된 말이 아닙니다. 신의 할아버지께서 말씀하시기를 이목이 조나라 장수가 되니 변방에 있을 때 군주둔 지역의 세금은 모두 이목의 뜻에 따라 거두어 조사비용에 썼으며 상을 주고 벼슬을 주는 것을 모두 이목이 결정하여 조정의 견제를 받지 않았다고 합니다. 임금은 이목에게 모든 것을 맡기고 성공만을 바란 것이지요. 신의 어리석은 생각으로는 폐하의 법은 지나치게 밝고 상은 지나치게 가벼우며, 벌은 지나치게 무거운 것 같습니다. 지금도 차이가 있다고 하여 그의 벼슬을 빼앗아 벌을 주려 하십니다. 이러한 일로 보건대 폐하께서는 비록 염파나 이목을 얻는다 하더라도 그들을 채용하여 바로 쓸 수 없을 것으로 사료됩니다. 신이 참으로 어리석어 때를 가려 말씀드리는 바를 모르오니 죽을 죄를 지었습니다."

효문제는 풍당의 말에 오히려 기뻐했다. 그날로 효문제는 풍낭을 운중에 사자로 보내어 위상을 다시 운중 태수로 임명하도록 명하였다.

11년이 지난 뒤 효경제가 즉위하고 풍당은 초나라 재상이 되었다. 무제가 즉위하여 현명한 일꾼을 찾았다. 그때 풍당도 추천되었으나 나이 이미 90여 살로 관리가 될 수 없어 대신 그의 아들 풍수가 벼슬길에 나섰다.

37. 용맹하고 인자한 장수 이광(李珖 기원전 184~119년)

이광은 서한때 대장군으로 말을 잘 타고 활을 잘 쏘는 등 무술에 매우 능하였다.

황제가 이광을 상군의 태수로 임명했을 때 흉노가 대대적으로 상군을 침입해 왔다.

황제의 측근 환관이 수십 명의 기병을 거느리고 흉노 세 사람과 맞서 싸우다가 화살에 맞아 죽었다.

이광은 이 광경을 보고 "이들은 독수리를 쏘는 명사수일 것이다." 하고 기병 100여명을 거느리고 흉노 세 사람을 추격했다. 이광은 기병들을 양쪽으로 갈라지게 하고 직접 활을 쏘아 흉노 두 사람을 죽이고, 한 사람은 산 채로 잡았다. 그들은 이광의 예측대로 독수리를 잡은 명사수였다. 이광이 포로를 잡아 말에 태우고 돌아오려고 할 때 수천 명의 흉노기병이 몰려왔다. 그러나 흉노들은 이광을 보더니 적을 유인하는 기병으로 보고 제풀에 놀라서 산으로 올라가 진을 쳤다.

이광이 거느린 100여명의 기병들이 겁에 질려 달아나려고 하자 그는 병사들을 만류하였다.

"우리는 분대와 수십 리나 떨어져 있다. 이런 상황에서 달아난다면 흉노들이 우리를 뒤쫓아와 당장 죽이고 말 것이다. 우리가 여기에 버티고 있으면 흉노는 우리들이 자기들을 유인하려는 기병으로 생각하고 쉽사리 공격하지 못할 것이다."

이광은 오히려 자기의 기병들을 흉노군에 가깝게 다가가 말안장을 풀도록 했다.

그러자 병사들이 두려움에 떨며 말하였다.

"어쩌자고 이러십니까? 적과 우리 사이는 불과 5리도 안 됩니다. 만약 오랑캐들이 공격해오면 어찌시려구요?"

"허허. 모르는 소리! 오랑캐들은 우리가 달아날 것이라고 생각하고 있다. 그런데 우리가 말안장을 푸는 것을 보면 우리를 자기들을 유인하려는 기병으로 알고 감히 공격해 오지 못할 것이다."

이광의 말대로 흉노의 기병들은 감히 공격해 오지를 못했다.

그리고 흉노의 장수가 백마를 타고 나와 자기의 군대를 감독하며 보호했다.

이광은 때를 놓치지 않고 10여명의 기병을 이끌고 달려가 백마를 탄 흉노의 장수를 활로 쏘아 죽이고 다시 돌아와 말안장을 풀었다.

이광은 흉노의 장수를 활로 쏘아 죽였다.

날이 저물었다. 오랑캐들은 이상하게 여기고 공격해 오지 못했다. 한나라가 복병을 숨겨놓고 자신들을 유혹하고 있다고 판단한 흉노들은 결국 한밤중에 군대를 이끌고 물러가 버렸다.

날이 샐 무렵, 이광은 본진으로 돌아왔다.

효령제가 죽고 무제가 한나라 황제가 되었을 때에도 이광은 흉노와 여러 차례 싸웠으나 한 번도 패해 본 적이 없었다.

이 때 한나라 장수로 변방수비에 이름을 떨쳤던 정불식은 이광을 이렇게 평하였다.

"이광이 군사를 다루는 방법은 아주 단순하다. 아마 오랑캐가 갑자기 침범하면 도저히 막을 수 가 없을 것이다. 그러나 그의 병사들은 이광을 위해 죽는 것을 즐겁게 여긴다. 내가 군대를 다루는 것은 번거롭고 요란하지만 오랑캐는 감히 나를 침범하지 못한다."

그러나 흉노는 이광의 지력을 더 두려워했으며 병사들도 정불식을 따르는 것보다 이광을 따라 싸움터에 나가는 것을 다행으로 여겼다.

흉노의 왕은 이광의 현명함을 높이 평가하고 이광을 반드시 산 채로 잡아오라는 명령을 내렸다.

흉노의 군사들이 이광을 사로잡은 적이 있었다. 이광은 그 때 부상을 입고 고통이 심했기 때문에 흉노들은 안심하고 두 필의 말 사이에 이광을 묶어서 눕혀놓고 위를 보게 하였다.

　이광은 꼼짝없이 포로 신세가 되었다. 10여리를 죽은 체 하고 가던 이광이 옆을 보니 흉노 한 놈이 아주 좋은 말을 타고 있었다. 이광은 몰래 오랏줄을 풀고 그 흉노가 탄 말에 뛰어올라 그를 밀어뜨리고 채찍질하여 남쪽으로 쏜살같이 달아났다. 실로 눈 깜짝할 순

이광은 실직으로 형리에게 심문을 받고 면제받는 대가로 평민이 되었다.

간이었다. 그를 잡으려고 흉노의 기병 수백 명이 추격했으나, 이광은 가까이 오는 흉노들을 활로 쏘아 쓰러뜨리며 한나라 진중에 도착하였다.

한나라에서는 이광을 형리에게 넘겼다. 이광은 잃은 것이 많고 또한 흉노에게 포로로 잡혔으므로 참형을 받아야 할 처지가 되었다. 이광은 죄를 면죄 받는 대가로 전재산을 바치고 평민이 되었다.

어느 날 이광은 사냥을 나가 수풀 속의 돌을 호랑이로 잘못 알고 활을 쏘았다. 돌 속에 화살촉이 깊이 박혔다. 이광은 자기가 쏘아 맞힌 것이 돌이라는 것을 알았다.

그는 자기가 있는 고을에 호랑이가 나타났다는 말을 들으면 항상 호랑이를 쫓아 나섰다. 한 번은 호랑이 사냥을 하다가 호랑이가 뛰어올라 덮치는 바람에 상처를 입었으나 그는 끝내 호랑이를 죽였다.

또 이광은 청렴결백하여 상을 하사받으면 부하들에게 나누어 주었고, 음식도 부하들과 함께 먹었다. 그가 나라에서 받은 녹봉은 2천 석이나 되었으나 그의 집 곡간은 항상 텅 비어 있었다.

이광은 키가 매우 크고 원숭이 같은 긴 팔을 가졌으며, 말을 조금 더듬었고 말수가 아주적었다. 남과 함께 있을 때는 땅에 선을 그어서 군대 진영의 모형을 만들거나 표적을 활로 쏘아서 내기술을 마시곤 했다. 그는 죽을 때까지 오직 활 쏘는 것을 낙으로 삼았다.

이광은 물이 부족한 곳에서는 병사들이 다 마실 때까지 물가에 가지 않았으며, 음식이 적으면 병사들이 먹은 다음이 아니면 먹지를 않았다. 병사들은 그러한 이광을 몹시 존경했으며 그를 따라 싸우기를 즐겼다.

그는 한나라가 흉노를 치기 시작한 때부터 한 번도 빠지지 않고 토벌에 앞장섰다. 그러나 세월이 흘러 나이가 많아지자 흉노의 토벌에 나서지 못 하게 되었다. 그는 젊었을 때부터 무려 70여회나 싸워 한 번도 패한 적이 없었다.

태사공의 말:

"경전에 이르기를 '자신이 바르게 행동하면 남에게 명령하지 않아도 행해지고, 자신이 바르지 않으면 명령을 내린다 해도 따르지 않을 것'이라고 했거니와, 이는 이광을 두고 한 말이다. 내가 이광을 보니 모습은 시골사람 같았고 말솜씨는 없는 편이었다. 그러나 그가 죽었을 때 세상 사람들이 모두 슬퍼했다. 이는 그의 충실한 마음과 진실한 마음이 그들의 가슴에 와닿았기 때문이다."

38. 의협심이 강한 곽해(郭解)

곽해는 서한 초기의 사람으로 본시 협객이었다.
곽해는 몸집이 가늘고 키는 작은데 동작이 매우 날렵했으며 야무지고
예리한 사나이였다.

젊었을 적에는 난폭하여 일이 뜻대로 되지 않으면 사람을 죽이는 일이 많았다. 동료들 가운데에서는 의리가 굳고 친구가 화를 당하면 반드시 복수를 했으며, 의탁해 온 자는 비록 범죄자라해도 숨겨주었다. 그는 강도질을 하고 화폐를 위조하거나 무덤을 도굴하는 등 헤아릴 수 없이 나쁜 짓을 하기도 했다. 하지만 그에게는 하늘의 가호가 있었는지 궁지에 몰렸을 때에는 꼭 누군가의 도움을 받았고 체포되면 곧 석방이 되었다.

곽해는 나이가 들면서 외고집을 부리는 일이 없어졌으며 방자한

곽해의 생질은 술집에서 상대가 술을 더 못 마시겠다고 하는데도 자꾸만 강요하자 상대는 참다못해 칼로 그를 찔러 죽이고 달아났다.

행동도 하지 않았다. 원한에는 덕으로 대했고 사람에게 은혜를 베풀면서 보답 같은 것은 기대하지도 않았다. 협기가 남달리 강했던 성격은 한결 더 강해졌고 사람의 생명을 구하고도 자만하는 일이 없었다.

곽해 누이의 아들은 곽해의 세력을 믿고 횡포를 부리는 일이 많았다. 어느날 싫다는 상대를 술집으로 끌고가서는 마구 술을 마시게 했다. 더는 못 마시겠다고 하는데도 자꾸만 강요했다. 상대는 참다못해 칼로 그를 찔러 죽이고 달아났다. 곽해 누이는 화가 나서 말하였다.

"이대로 내버려 두어도 되느냐? 죽은 것은 너의 생질이 아니냐! 남이 내 자식을 죽였는데도 곽해 같은 의협을 갖고 그 살인자를 잡

곽해는 생질의 잘못을 인정하고 살인자를 풀어 주었다.

을 수가 없다니……"

이렇게 곽해를 나무라면서 시체를 길바닥에 버려둔 채 장사를 지내려 하지 않았다. 곽해의 체면이 땅에 떨어지자 그는 부하를 풀어서 여기저기 살인자를 찾게 했다. 더 이상 도망칠 곳이 없다고 판단한 살인자는 자진해서 곽해 앞에 나타나 자초지종을 설명하였다.

곽해는 이야기를 다 듣고나서 이렇게 말하였다.

"그러고 보니 네가 그 놈을 죽인 것도 무리는 아니다. 잘못은 내 생질에게 있다."

곽해는 그 자리에서 생질의 잘못을 인정하고 살인자를 풀어주었다. 그리고는 생질의 시체를 매장하였다. 곽해는 친누이가 한 청탁이라 해도 무리한 것은 들어주지 않았던 것이다. 여러 사람들이 이 말을 듣고 모두 곽해의 의협심을 장하게 여기면서 더욱 그를 칭송하고 따랐다.

한무제가 호협의 세력을 타격하기 위해 지방의 호족을 무릉으로 강제이주시키는 정책을 시행할 때이다.

곽해에게는 재산이라고 할 만한 것이 없었기에 300만 전 이상의 재산가라는 이주대상자 규정에는 해당되지를 않았다. 하지만 관리에게는 곽해가 귀찮은 존재였기에 어떻게 해서든지 이주시키려고 계략을 짰다.

위청장군은 곽해 편을 들어 무제에게 진언했다.

"곽해는 가난해서 이주규정에는 해당되지 않습니다."

무제는 이렇게 대답했다.

"서민인 주제에 장군을 시켜 변명을 전할 만큼 힘이 있다니 가난할 리 없다."

이렇게 해서 곽해는 강제로 이주를 당하게 되었다. 그 때 곽해를 전송하러 나온 사람들이 낸 전별금이 1,000여 만전이나 되었다.

그런데 곽해의 이주를 획책한 것은 같은 고향사람인 현의 관리를 맡고 있는 사람이었다.

이를 안 곽해 형의 아들이 양가의 목을 베었다. 이 소식을 전해들은 관중의 유세객들은 앞 다투어 곽해와 친해지기를 청하였다.

위협을 느낀 양씨가족들은 천자에게 호소하기 위해 사람을 보냈다. 그러나 그가 궁궐 문 앞까지 왔을 때 그도 누군가의 손에 살해되고 말았다. 이 사건이 무제의 귀에 들어가자 무제는 곽해를 체포하라는 명령을 내렸다.

곽해가 체포된 것은 그로부터 몇 년 후의 일이다. 관리는 그의 범죄를 심하게 추궁했으나 살인사건은 대사령이 내리기 이전의 사건이었기에 유죄를 선고할 수가 없었다. 한 번은 곽해의 부하가 곽해

를 찬양하는 말을 하자 지나가던 유생이 듣다 말고

"곽해라는 작자는 간교한 술책을 저지르면서도 이를 공정한 도리인 것처럼 꾸미는 위장술에 뛰어난 놈인데, 어떻게 그놈을 현자라고 말할 수 있겠는가!" 라고 반박하였다.

그러자 곽해의 부하는 그 자리에서 유생의 혀를 도려내고 죽였다. 유생을 죽인 곽해의 부하가 누구였는지 아는 사람이 아무도 없었다. 또한 이런 일이 벌어진, 사실 조차 곽해는 모르고 있었다. 그러나 어사대부(御史大夫) 공손홍이 이 일을 문제삼아 따지고 들었다.

"곽해는 평민의 몸으로서 임협으로 권력을 휘두르고 사소한 개인적인 원한 때문에 사람들을 죽였다. 유생을 죽인 일이 곽해가 한 일이 아니라 해도 그 죄는 곽해 자신이 죽인 것보다 크다. 이는 대역무도한 죄에 해당한다."

이리하여 곽해의 일족은 모두 처형되었다.

"사람의 얼굴은 시들지만 명예로운 이름은 영원하다"라는 말처럼 협객을 논할 때는 누구나 곽해를 거론하였다. 그러나 한제국의 기초가 튼튼해지면서 유교적인 질서가 중시되어 유협의 정신은 쓸모 없고 위험한 것으로 배격되었다.

최후의 협객 곽해는 부하들과 친족들을 방종하게 다스려 농민들을 마음대로 짓밟게 만드는 것을 방임했다. 곽해 때부터 평민백성의 보호신분으로서의 호협은 종말을 맞고 평민계층과의 대립국면으로 바뀌어 갔다.

그 후 협객들은 집단을 이루어 사리사욕을 꾀하는 등 유협을 통치계층으로의 신분상승을 위한 수단으로 삼았다.

39. 초나라 왕을 얼린 장의
(張儀 기원전?~309년)

장의는 전국중기의 저명한 활동가로서 당시 훌륭한 인물로
평가되어 그가 한 번 성을 내면 모든 제후국들이 무서워서
벌벌 떨었다고 한다. 장의는 귀곡 선생에게 학문을 배운 다음 여러
제후들을 찾아다니며 자신의 의견을 말하며 유세를 하였다.

　　장의는 초나라로 가서 재상이 되었다. 하루는 장의가 초나라 회
왕을 설득했다.

　　"임금께서 제 말을 옳게 들으시고 제나라와의 합종을 깬다면 저
는 상·오의 땅 6백리를 초나라에 바치고 진나라의 여자를 임금의
첩으로 줄 것이며 진나라와 초나라가 서로 며느리를 맞아오고 딸
을 시집보내어 형제의 나라가 되게 하겠습니다. 이것이 북쪽으로
는 제나라를 약하게 만들고 서쪽으로는 진나라를 유익하게 하는
계책입니다. 이보다 더 나은 방법은 없습니다."

초나라 회왕은 매우 기뻐했다. 그러나 진진만은 불행한 일이라 며 슬퍼했다.

"군대를 동원하지 않고도 6백리 땅을 얻게 되어 모든 신하들이 축하하는데 그대만이 슬퍼하다니 어찌된 일인가?"

이에 진진이 대답하였다.

"그렇지 않습니다. 신이 보기에는 상·오의 땅을 얻을 수가 없고 제나라와 진나라가 힘을 합하게 될 것입니다. 그리고 제나라와 진 나라가 힘을 합하게 되면 우리 초나라는 반드시 화를 당하게 될 것 입니다."

"그대는 입을 다물고 다시는 말하지 말라. 내가 땅을 얻는 것이 나 두고 보라!"

회왕은 장의에게 제상벼슬을 주고 많은 뇌물을 주었다. 그리고 제나라와의 합종을 배반하고 한 장수를 시켜 장의를 따라가도록 하였다.

장의는 진나라에 닿자마자 일부러 수레 끈을 놓친 척하고 수레 에서 떨어져 석 달이나 조정에 나가지 않았다. 초나라 임금이 그 소식을 듣고 말했다.

"장의는 내가 제나라와 관계를 끊은 것을 믿지 않는 모양이구나."

그리고 장의를 제나라로 보내 임금을 욕하도록 했다. 제나라 임금은 몹시 화가 났으나 몸을 낮추어 진나라에 굴복하였다.

제나라와 진나라의 관계가 이루어지자 장의는 조정에 나아가 초나라에서 온 사자에게 말하였다.

"나에게 봉읍(제후를 봉하여 준 땅) 6리가 있으니 이 땅을 초나라 임금에게 바치고 싶습니다."

장의는 감언이설로 초 회왕에게 봉읍 6백리 땅을 준다고 하니 초왕은 좋아서 어쩔 줄 모른다.

"신이 임금의 명령을 듣기로는 상·오의 땅 6백리라고 했지. 6리라고는 하지 않았소."

사자가 돌아와 초왕에게 말하자 임금은 성이 나서 당장 진나라를 치려고 했다. 그러자 진진이 말렸다.

사자들이 돌아와 초나라 임금에게 6백리가 아니라 6리를 준다고 말하자
초회왕은 속은데 분해 당장 진나라를 치려고 했다.

"진나라를 치는 것이 땅을 떼어 진나라를 주는 것만 못합니다. 진나라에 땅을 주고 제나라를 친다면 우리가 진나라에게 땅은 내주되 제나라에서 보상받으므로 우리의 땅은 그대로 보존되는 셈입니다."

그러나 초나라 임금은 진진의 말을 무시하고 많은 군대를 출동시켜 진나라를 습격했지만 초나라 군대는 크게 패하고 말았다.

장의가 초나라 사신으로 가자 초나라 임금은 장의를 잡아 감옥에 가두고 죽이려고 했다. 이에 근상이 정수에게 말하였다.

"부인께서는 임금에게 천대받게 되리란 사실을 알고 계십니까?" "왜 그런 말씀을?"

"진나라 임금은 장의를 몹시 총애합니다. 따라서 장의를 구출하려고 협상을 벌일 것입니다. 상용의 땅 여섯 고을을 초나라에 뇌물로 주고 미인을 보내겠다고 약속할 것이며, 노래를 잘 부르는 궁녀들을 그 미인의 시녀로 삼아 보내겠다고 할 것입니다. 초나라 임금은 땅 욕심이 많고 진나라를 무시할 수 없으므로 제의를 받아들일 것입니다. 그렇게 되면 진나라 미녀는 장차 임금의 사랑을 받을 것이며, 부인께서는 자연히 버림받게 될 것입니다. 그러니 임금께 간청을 드려 장의를 놓아주는 것이 부인을 위해 좋을 것입니다."

초나라 회왕은 크게 뉘우치고 장의를 풀어준 다음 예전처럼 후하게 예우하였다. 장의는 옥에서 풀려나와 초나라 임금을 설득하여 진나라와 화친조약을 맺게 만들었다.

장의는 조나라 임금을 설득한 다음 연나라에 들어가 이번에는 임금을 설득하였다.

"임금께서 친한 나라 가운데 조나라보다 더한 나라는 없습니다. 그런데 예전에 조나라는 연나라를 두 번이나 쳐들어 와 수도를 에워싸고 임금을 협박하여 10성을 빼았고 사과까지 하게 만들었습니다. 지금 조나라는 하간의 땅을 바치고 진나라를 섬기기로 했습니다. 이제 임금께서 진나라를 섬기지 않는다면 진나라가 군대를 일으켜 조나라 군대와 연합하여 연나라를 칠 것입니다. 하오나 이제라도 진나라를 섬기면 서쪽으로는 강한 진나라가 뒷받침이 되고 남쪽으로는 제나라와 조나라의 근심을 없애게 됩니다. 임금께서는 이러한 점을 깊이 생각하소서."

이에 연나라 임금이 말했다.

"나는 오랑캐 땅의 외진 곳에 살다보니 바른 계책을 들은 적이 없었소. 이제 그대가 다행히 가르쳐 주었으니 진나라를 섬기겠소. 또한 그런 뜻에서 다섯 성을 바치겠소."

연나라 임금이 장의의 계책을 받아들이자 장의는 이 사실을 보고하기 위해 진나라로 떠났다.

이때 진나라 혜왕이 죽고 무왕이 임금이 되었다. 무왕은 태자시절부터 장의를 좋아하지 않았다. 비로소 여러 신하들 역시 장의를 헐뜯었다. 게다가 제나라까지 장의에게 항의해왔다.

위험을 느낀 장의는 진나라 무왕에게 청하였다.

"제게 계책이 있사온데 아뢰게 해주십시오."

"말해 보오."

"진나라를 위한 계책입니다. 한 번 커다란 변란이 일어난 후에라야 임금께서는 비로소 그 변란을 계기로 많은 땅을 떼어받을 수 있습니다. 지금 임금께서는 저를 몹시 미워하신다고 들었습니다. 그런데 장의가 있는 곳이라면 제나라 임금이 저를 또 미워하여 군대를 몰고 와서 칠 것입니다. 저는 지금 위나라에 가기를 원합니다. 그러면 제나라가 위나라를 칠 것입니다. 두 나라는 싸움에 정신이 팔려 아무 것도 돌볼 수 없게 됩니다. 임금께서는 그 틈을 타서 한 나라를 치고 군대를 함곡관 밖으로 내보내어 굳이 공격을 할 필요도 없이 주나라에 들이닥치면, 주나라는 천자의 위엄을 포기하게 될 것입니다. 그러면 진나라는 천자의 나라에 한 발 다가서게 되는 것입니다."

진나라 임금은 그럴듯하게 여겨 장의를 위나라로 들어가게 했다. 장의가 위나라에 들어가자 제나라는 군대를 일으켜 위나라를 쳤다. 위나라 임금이 두려워하자 장의가 말했다.

"염려 마십시오. 제나라가 스스로 물러나도록 해보겠습니다."

장의는 부하를 먼저 초나라에 보내어 초나라 사신의 이름을 빌어 제나라에 가서 임금에게 이렇게 말하도록 일렀다.

"임금께서는 장의를 미워하십니다. 그러면서도 임금께서는 장의를 믿는 마음이 진나라가 믿는 마음보다 더 큽니다."

제나라 임금이 말했다.

"나는 장의를 미워하여 장의가 있는 곳이라면 어디든 군사를 일으켜 그를 치려하오. 그런데 내가 장의를 믿는다고?"

"제 말씀을 귀담아 들으십시오. 장의가 진나라를 떠날 때 약속한 일이 있습니다. 그 약속이란 지금 제나라가 위나라를 공격할 줄 알고 진나라 임금으로 하여금 천자가 되는 길을 터주겠다는 것이었습니다. 지금 장의의 말대로 되어가고 있습니다. 임금께서는 그것도 모르고 안으로는 제나라를 전쟁으로 피폐하게 만들고 밖으로는 동맹국을 쳐서 이웃의 적국을 넓혀 주는데 일에 가담함으로써 장의를 진나라 임금으로 하여금 신임받도록 만들고 있습니다."

"그 말이 옳구려."

제나라 임금은 위나라에 대한 공격을 즉시 중지시켰다. 장의는 위나라 재상이 된 지 1년만에 위나라에서 죽었다.

태사공의 평가:

"장의가 한 일은 소진보다도 임기응변이 더 심했습니다. 그러나 세상사람들은 장의보다 소진을 더 미워합니다. 그것은 소진이 먼저 죽자 장의가 그 단점을 들춰내어 자기의 주장을 펴고 연횡책을 성공시켰기 때문입니다. 그러나 이 두 사람은 모두 위험한 인물입니다."

40. 문경지교(刎頸之交)

린상여(藺相如)는 전국시대의 저명한 애국자로 지용을
겸비한 조나라의 상경(上卿)이었다. 그 무렵 진나라 소왕이
조나라 혜왕에게 진나라 열다섯 성과
화씨벽(華氏璧보물)을 바꾸자고 제의해왔다.

문혜왕은 여러 신하들과 상의하였다.

"진나라 소왕의 제의는 속임수입니다. 화씨벽만을 차지하고 열
다섯 성은 절대로 내놓지 않을 것입니다."

신하들의 한결같은 의견이었다. 그러나 진나라에 가서 이 일을
잘 마무리짓고 올 인물이 없었다. 그 때 신하 목견이 이렇게 말하
였다.

"신의 부하 린상여를 사자로 보내심이 좋을듯 합니다."

문혜왕은 린상여를 불렀다.

"진나라 소왕이 자기나라의 열 다섯 성과 화씨벽을 바꾸자고 제의해 왔다. 어찌하면 좋겠느냐?"

린상여는 막힘없이 대답하였다.

"진나라는 강하고 조나라는 약합니다. 제의를 받아들일 수 밖에 없겠습니다."

"만약 보물만 빼앗기고 그들이 성을 내주지 않으면 어찌 하겠느냐?"

"진나라가 먼저 열 다섯 성과 화씨벽을 바꾸자고 했습니다. 조나라가 허락하지 않는다면 그 잘못은 조나라에 있고, 조나라가 보물을 주었는데도 진나라가 성을 주지 않았다면 그 잘못은 진나라에 있습니다. 이 두 가지를 비교해 보면 차라리 보물을 주어 잘못된 책임을 진나라에 지우는 것이 낫겠습니다."

"그렇다면 그 임무를 누구에게 맡겼으면 하느냐?"

"임금께서 마땅히 보내실 사람이 없으면 신이 화씨벽을 받들고 진나라에 가겠습니다. 만약 열다섯 성이 조나라에 주어진다면 화씨벽을 진나라에 두고 올 것이지만 그렇지 않으면 신은 기필코 보물을 도로 가지고 돌아오겠습니다."

조나라 문혜왕은 린상여에게 화씨벽을 주어 진나라 사신으로 보냈다.

린상여는 화씨벽을 진나라 소왕에게 바쳤으나 소왕은 약속대로 열 다섯 성을 떼어 줄 생각을 하지 않고 있었다.

린상여는 며칠 동안 궁리하다가 소왕에게 말하였다.

"임금님, 화씨벽에 흠이 있습니다. 그것을 잠시 돌려주시면 흠이 있는 곳을 알려드리겠습니다."

소왕은 속는 줄도 모르고 화씨벽을 린상여에게 돌려주었다. 린상여는 화씨벽을 돌려받자 궁궐안 기둥쪽으로 물러나서 성난 목소리로 말하였다.

"임금께서 화씨벽을 얻고자 여러 사람을 시켜 조나라 문혜왕에게 편지를 보냈습니다. 여러 대신들은 '진나라 임금은 욕심이 많아 보물만 빼앗고 약속한 열다섯 성은 주지 않을 것이다' 라고 했습니다. 그래서 신이 '하찮은 백성들의 약속도 속이지 않는 것인데 하물며 강대국인 진나라의 약속을 믿지 못해서야 되겠는가' 라고 말했습니다. 그런데 임금께서는 조나라에 열 다섯 성을 내주실 의사가 없는 것 같습니다. 만약 신을 협박하여 이 보물을 빼앗으려 한다면 신의 머리는 이 보물과 함께 기둥에 부딪쳐 부서질 것입니다."

린상여는 화씨벽을 기둥에 던지려 했다. 소왕은 보물을 망가뜨릴까 두려워 곧 사과하고 진정하라고 일렀다. 그리고 담당관리를 불러 지도를 가리키며 "여기서부터 열 다섯 성을 조나라에 주라"
고 명령하였다.

그러나 린상여는 소왕이 자기를 속이려고 조나라에 성을 주는
체 한다는 사실을 알아차리고 있었다.

"화씨벽은 온 천하가 다 아는 보물이외다. 조나라 혜문왕께서는
이 보물을 보내실 때 5일 동안 목욕재계했습니다. 지금 임금께서도
5일 동안 목욕재계하시고 예를 갖추십시오. 그런 후에 신이 보물을

바치겠습니다."

린상여의 말에 소왕은 강제로 보물을 빼앗을 수 없음을 깨닫고 5일 동안 목욕재계하겠다고 약속하였다.

그러나 린상여는 소왕이 목욕재계는 할망정 열다섯 성은 절대로 내놓지 않을 것으로 알고 자신의 수행원에게 보물을 주어 변장을 하고 조나라로 돌아가라고 했다.

진나라 소왕은 5일 동안 목욕재계하고 예를 갖춘 후 린상여를 맞이했다. 린상여는 소왕에게 큰 소리로 말하였다.

"진나라 임금은 대대로 약속을 지킨 일이 없다고 들었습니다. 신은 임금께 속아 조나라 임금의 명령을 저버리게 될까 보아 두려웠습니다. 그리하여 사람을 시켜 보물을 조나라로 돌려보냈습니다. 지금 진나라가 강한 위치에서 먼저 열다섯 성을 떼어 준다면, 조나라가 감히 어찌 보물을 내놓지 않겠습니까? 신은 임금을 속인 죄로 마땅히 벌을 받겠습니다. 임금께서는 여러 신하들과 계책을 논의해 주시기 바랍니다."

소왕은 놀라기도 하고 성을 내기도 했다. 어떤 신하는 린상여를 당장 죽이자고 했고 다른 신하들은 그렇게 하면 보물을 차지할 수 없다고 했다.

그러자 소왕이 말하였다.

"지금 린상여를 죽이면 보물을 얻을
수 없고 또한 두 나라 사이의 우호관
계도 무너질 수 밖에 없다. 그러니 사
신을 초나라로 돌려보내는 것이 좋겠
다. 그리하면 조나라 문혜왕이 한낱 보
물 때문에 진나라를 속이겠는가?"

염파

진나라 소왕은 린상여를 조나라로 돌려보냈다.

린상여가 돌아오자 조나라 문혜왕은 그의 공로를 치하하고 상대
부라는 벼슬을 주었다.

그 후 진나라 소왕은 조나라에 사자를 보내어 강화조약을 맺고
싶으니 민지라는 곳에서 만나자고 하였다. 그러나 조나라 문혜왕
은 소왕이 두려워서 가지 않으려고 했다. 이에 린상여와 염파 장군
이 입을 모아 말하였다.

"임금께서 가지 않으시면 조나라는 약하고 비겁하다는 소리를
듣게 됩니다. 그러니 가셔야 하옵니다."

문혜왕이 린상여를 데리고 국경에 닿았을 때 염파가 임금에게
하직인사를 올리며 말하였다.

"임금께서 행차하실 행보를 계산해 보니 진나라 임금과 만나고
조약을 맺고 돌아오는데 한 달을 넘지 않겠습니다. 한 달이 되어도

돌아오시지 않으시면 염파(廉頗) 태자를 세워 왕으로 모시고 진나라를 치겠습니다.”

혜문왕은 그렇게 하라고 허락했다.

민지에 도착한 혜문왕은 소왕과 마주앉았다. 술자리가 무르익어가자 소왕은 엉뚱한 말을 꺼냈다.

“내가 들으니 조나라 임금께서는 음악을 좋아하신다면서요? 청컨대 칠현금 한 곡조 부탁드립니다.”

조나라 혜문왕은 진나라 소왕에게 칠현금 한곡을 타고 있다.

조나라 임금은 마지못해 칠현금 한 곡조를 연주하였다. 그러자 사관이 앞으로 나와 "모년 모월 모일 진나라 임금이 조나라 임금과 술을 마실 때 조나라 임금을 시켜 칠현금을 타게 했다."고 기록했다.

매우 모욕적인 기록이었다. 이것을 보고 린상여가 앞으로 나아가 말하였다.

"진나라 임금께서는 진나라 음악을 잘 하신다고 들었습니다. 청컨대 질장구를 진나라 임금께 받들어 올려 서로 즐기게 하겠습니다."

이 말에 진나라 임금은 성을 내며 허락하지 않았다. 그러자 린상여가 앞으로 나아가 질장구를 올리고 꿇어앉아 진나라 소왕에게 권했다. 진나라 소왕은 끝내 질장구를 치려하지 않았다.

그러자 린상여가 말하였다.

"임금과 신 사이는 미처 다섯 걸음도 되지 않습니다. 신이 마음만 먹는다면 피를 뿌릴 수도 있습니다."

진나라 소왕은 내키지 않았으나 질장구를 서너 번 두드렸다.

린상여가 조나라 사관을 불러 기록하게 했다.

"모년 모월 모일, 진나라 임금이 조나라 임금을 위해 질장구를 치다."

술자리가 끝나자 진나라 장수가 건의사항을 말하였다.

"청컨대 조나라는 열다섯 성을 진나라 임금께 바쳐 임금님의 만수무강을 축하하시오."

린상여가 이 말을 되받아 반격을 가하였다.

"청컨대 진나라는 함양(진나라의 수도)을 조나라 임금께 바쳐 임금님의 만수무강을 축하하시오."

결국 진나라 임금은 조나라 임금을 굴복시키지 못했다. 더욱이 조나라가 진나라와 싸울 만반의 준비를 갖추고 있었으므로 진나라는 군대를 함부로 움직일 수도 없었다.

린상여는 강화조약을 맺고 무사히 귀국하자 혜문왕은 그에게 상경벼슬을 내렸다. 그리하여 린상여의 벼슬이 염파의 벼슬보다 높아졌다.

염파는 화가 나서 불평을 늘어놓았다.

"나는 조나라의 장수로서 성을 공격하고 온갖 풍상을 다 겪었다. 그런데 혀 하나로 공을 세운 린상여의 지위가 나보다 높다니 말이 되는가? 게다가 린상여는 본래 비천한 천민출신 아닌가? 내가 그의 밑에 있는 것은 참을 수 없는 일이다. 린상여를 만나면 단단히 혼내 주리라."

린상여는 이 소식을 듣고 조정에서 조회가 있을 때마다 병을 핑

염파장군은 웃옷을 벗은 채 회초리를 짊어지고 린상여의 문 앞에 와서 사죄하였다.

계 삼아 염파와 마주치려고 하지 않았다.

어느날 린상여는 외출했다가 큰 길에서 염파가 오는 것을 보고 수레를 골목으로 몰아 피해 버렸다. 이것을 보고 린상여의 하인들이 투덜거렸다.

"저희들이 주인님을 모시는 것은 의기를 사모하는 까닭입니다. 그런데 염파 장군이 온갖 악담을 퍼붓고 주인님을 괴롭히는데도 오히려 그를 피하시니 저희들은 창피하여 더 머무를 수가 없습니다."

떠나려는 하인들을 말리고나서 린상여가 물었다.

"너희들은 염파장군과 진나라 임금을 비교하여 누가 더 높다고 생각하느냐?"

"진나라 임금입니다."

"그 진나라 임금도 내가 꾸짖어 혼내주었다. 내가 비록 어리석다고는 하나 염파 장군을 두려워하겠느냐? 내말을 잘 들어라. 지금 강대국인 진나라가 감히 조나라를 넘보지 못하는 것은 오로지 염파 장군과 내가 있기 때문이다. 그런데 우리 두 사람이 서로 싸운다면 어떻게 되겠느냐? 내가 염파 장군을 피하는 것은 나라의 급한 일을 생각하여 사사로운 일은 뒤로 미루려 했기 때문이다."

하인들은 감탄하고 린상여를 정성으로 섬기었다.

린상여의 말을 전해들은 염파장군은 웃옷을 벗은 채 회초리를 짊어지고 린상여의 문 앞에 와서 사죄하였다.

"비천한 이 몸이 대인의 관대하심이 이렇게까지 큰 줄은 미처 몰랐습니다. 너그러이 용서하소서."

린상여는 염파장군을 맞아 앞으로 죽고 살기를 함께 하기로 언약을 맺었다.

그 후 염파는 더욱 분발하여 제나라를 두 번 공격하여 승리하였다. 린상여도 제나라를 공격하여 평읍까지 쳐들어갔다가 돌아왔다.

조나라 혜문왕이 죽고 그 아들 효성왕이 즉위하였다. 7년 뒤에 진나라가 조나라 군대와 장평에서 맞섰다. 염파는 파면되고 린상여는 병이 위독했다. 린상여가 죽은 후 염파는 위나라에 있다가 초나라로 갔다. 그는 초나라에서 장군이 되었지만 늘 '조나라 군사를 다시 한 번 부려보고 싶다.'고 말하였다. 그는 수춘이라는 곳에서 죽었다.

"죽음을 각오하면 반드시 용기가 생기는 법. 죽는 것 자체가 어려운 게 아니라 죽음에 처하기가 어려운 법이다. 린상여가 화씨벽을 돌려받고 궁궐기둥을 노리며 진나라 임금의 신하들을 꾸짖은 것은 목숨을 내놓은 행동이었다. 린상여가 한 번 용기를 떨친 후 그 위세가 적국에까지 뻗쳤고 귀국한 뒤에는 염파에게 양보하여 그의 이름이 태산보다 무거워졌다. 그는 지혜롭고 용기 있게 살았던 큰 인물이었다." 태사공의 말이다.

41. 애국시인 굴원
(屈原 기원전 340~278년)

굴원은 초나라 정치투쟁에서 혁신파였으며
위대한 애국시인이다. 그는 국가 흥망성쇠의 이치에 밝고
문장에서도 뛰어났다.

초나라 회왕은 굴원에게 나라의 법을 만들도록 시켰다. 굴원이
초안을 기초했으나 아직 완성시키지 못한 단계에서 상관대부가 초
안을 빼앗으려고 했다. 굴원이 초안을 주지 않자 상관대부는 이를
구실삼아 회왕에게 모함을 했다.

"임금께서 굴원에게 법을 만들게 하신 일은 모르는 이가 없습니
다. 하온데 굴원은 하나의 법을 만들어 놓을 때마다 자신의 공을
자랑합니다. '내가 아니면 이러한 법은 만들 수 없다.' 라고 말씀입
니다."

회왕은 이 말을 듣고 몹시 화가 나서 그 후로 굴원을 멀리했다.

굴원은 회왕이 간신배의 말을 듣고 잘잘못을 가리지 않는 것, 아첨하는 무리들이 흑과 백을 뒤집어 놓는 것, 간사하고 비뚤어진 무리들이 공정한 사람을 다치게 하는 것, 단정하고 정직한 군사가 임금과 멀어지는 것을 매우 안타깝게 여겼다.

굴원은 근심과 번민 속에서 《이소(離騷)》라는 시를 지었다. (이소란 근심스러운 일을 만났다는 뜻이다.)

신의를 지키는 사람인데도 의심을 받고, 충성을 바쳤는데도 미움을 받으니 어찌 원망스럽지 않겠는가!

《이소(離騷)》라는 시는 도덕성의 숭고한 힘과 나라의 다스림에 대해 밝힌 것이다.

굴원은 비록 진흙 구덩이에 빠져 있을지라도 매미가 허물을 벗듯이 더러운 곳에서 헤쳐나왔고 티끌과 먼지에 가득찬 세상을 훨훨 날아 때를 뒤집어쓰지 않았다.

굴원이 조정에서 쫓겨난 뒤로 진나라는 제나라를 징벌하려고 하였다. 그 때 진나라의 소왕은 초나라와 친척관계여서 회왕과 회합하기를 바라고 있었다. 회왕이 가려고 하자 굴원이 말렸다.

"진나라는 호랑이나 이리와 같은 나라여서 믿을 수가 없습니다. 가지 않는 것이 좋을듯 합니다."

그러자 태자 자란이 굴원의 반대에도 불구하고 가기를 권하였다.

"어찌하여 진나라의 호의를 저버리려 하십니까?"

회왕은 마침내 진나라로 떠났다. 그러나 회왕이 진나라 무관에 닿기가 무섭게 봉변이 일어나 한 무리들이 길을 막고 회왕을 붙들어 두고 땅을 떼어 줄 것을 요구하였다. 그러나 회왕은 화가 나서 응하지 않았다.

얼마 후 회왕은 조나라로 도망쳤다. 하지만 조나라에서는 그를 받아주지 않았다. 회왕은 할 수 없이 진나라로 들어가 죽은 다음 시체로 돌아왔다.

회왕의 큰아들 경양왕이 뒤를 이었다. 그는 자신의 아우 자란을 영윤으로 삼았다. 자란은 회왕을 진나라로 가게 한 장본인이어서 초나라 사람들은 자란을 못마땅하게 여겼다.

굴원은 나라 일에 몹시 불만이었다. 나라 사랑이 남달랐으나 어리석은 사람이나 지혜로운 사람이나, 현명한 사람이나 못난 사람이나 충성스러운 신하를 막론하고 오직 자기를 위하게 한다. 그리고 현명한 신하를 구하여 자기를 보좌하게 한다.

그럼에도 나라를 망치고 조정을 빼앗기는 임금이 끊임없이 생기는 까닭은 성군이 극히 드물기 때문이다.

굴원은 어부에게 자기가 귀양가는 이유를 말하고 있다.

어찌 보면 이른바 충신이라는 사람들은 충신이 아니고, 현명한 신하는 현명하지 못하여 화왕 또한 사람인 까닭으로 정수와 같은 여인에게 빠져 장의에게 속임을 당하고, 경양왕은 상관대부와 자관 같은 이들을 좋아하고 굴원을 멀리하는가 보다.

초나라는 날로 쇠약해지고 국토가 깎여 여섯 개의 군을 잃었다.

경양왕은 상관대부의 모함을 듣고 화가 나서 굴원을 먼 곳으로 귀양보냈다.

굴원은 귀양을 떠나 강가에 닿았다. 그는 머리를 풀어헤치고 강가를 거닐며 시를 읊었다. 그의 얼굴은 여위고 창백하였다.

한 어부가 그에게 물었다.

"혹시 굴원 대부가 아니신지요? 어떤 이유로 여기까지 오셨는지요?"

그러자 굴원이 대답했다.

"온 세상이 혼탁한데 나 홀로 청결하고, 모든 사람이 다 취해 있는데 나 홀로 멀쩡하니 귀양 가는 길이라오."

다시 어부가 말하였다.

"성인은 이것저것 구애됨이 없이 시대에 따라 가는 사람이라 들었습니다. 온 세상이 다 혼탁하거든 왜 그들의 흐름에 따라 물결을 타지 않으시려는지요? 모든 사람이 취해 있거든 왜 그 술지꺼기를

굴원 《이소》.

먹거나 가라앉은 술을 마시며 같이 취하지 않는지요? 어찌하여 결백을 지켜 귀양을 스스로 청하셨소?"

굴원이 대답하였다.

"나는 '새로이 머리를 감은 사람은 반드시 관을 털어서 쓰고, 새로이 목욕을 한 사람은 반드시 옷을 털어 입는다'고 들었소. 사람이면 그 누가 자신의 깨끗한 몸에 더러운 먼지를 묻히려 하겠소? 차라리 긴 강물에 몸을 던져 물고기 뱃속에 장사를 지낼지언정 어찌 세속의 더러운 먼지를 뒤집어쓰겠소?"

굴원은《회사(懷沙)》라는 시를 지은 후 멱라강에 몸을 던져 버렸다.

굴원이 죽은 뒤 초나라는 날로 쇠약해져서 마침내 진나라에게

멸망당하고 말았다. 굴원은 초사라고 하는 운문형식을 처음으로
시작한 위대한 시인이었다. 그의 죽음 또한 극적이어서 후세사람
들의 존경을 받고 있다.

　태사공의 말:

　"나는 굴원의 시들을 읽고 그의 높은 뜻에 슬퍼하지 않을 수 없
다. 굴원이 뛰어난 재주를 가지고도 어쩌하여 다른 제후들에게 선
전하여 벼슬을 얻지 않았는지 참으로 안타깝다. 그는 삶과 죽음을
함께 본 것이 아닌가? 또한 그의 승진하고 물러남에 무관심함을
보고 실로 놀라지 않을 수 없었다."

사기에서 뽑은 영웅들의 출세학

2010년 7월 26일 인쇄
2010년 7월 30일 발행

편역자 ㅣ 장석만
펴낸이 ㅣ 장종호
펴낸곳 ㅣ 도서출판 사사연

서울시 종로구 홍지동 126-8
등록 2006. 2. 8 제10 - 1912호
전화 ㅣ (02)398 - 2510
팩스 ㅣ (02)393 - 2511
인쇄 ㅣ 성실인쇄
제본 ㅣ 바다재책

정가 12,000원
＊잘못된 책은 바꾸어 드립니다.

www.ssyeun.co.kr
e-mail/ssyeun@ssyeun.co.kr